DAS GRAUEN

Deutschlands gefährliche Parallelgesellschaft

Bibliografische Information: Die Deutsche Nationalbibliothek verzeichnet diese Publikation in der Deutschen Nationalbibliografie. Detaillierte bibliografische Daten sind im Internet über http://dnb.d-nb.de abrufbar.

Umschlaggestaltung und Layout:
Ramin Peymani und Susanne Kablitz

Herstellung und Verlag:
BoD - Books on Demand, Norderstedt

2. Auflage 2017
Copyright © 2017 Ramin Peymani
alle Rechte vorbehalten

ISBN 978-3-743101-30-2

Ramin Peymani

DAS GRAUEN

Deutschlands gefährliche Parallelgesellschaft

Von Berufspolitikern, Journalisten und anderen Nichtintegrierten

In Memoriam

Susanne Kablitz

Inhalt

Ein Vorwort von Prof. Dr. Jörg Baberowski   11
Prolog   14

Der „Rechtsstaatsmechanismus"   27
Europas scheinheiliger Angriff auf Polen

Kölner Polizei-Bashing   30
Der Jäger und seine öffentlich-rechtlichen Jagdhunde

Bald „isch over"   33
Schäubles Schachzug bringt Merkel in Not

Pfälzer Posse   36
Das Demokratieverständnis einer Nichtgewählten

Der erfundene Tote   39
Ein neuer Tiefpunkt für den Komplizen-Journalismus

Muttis Murks   42
Wer zu spät geht, den bestraft das Leben

Sehnsucht nach Migranten   45
Eilenbergers Angst vor dem Nazi-Team

Münchhausen in Ratingen   48
Der „Flüchtling" – Dein Freund und Finder

Offene Grenzen um jeden Preis   51
Die plumpe Propaganda der Konzerne

Meth statt Mett 54
Lieber Drogen als Schweinefleisch?

Draghis Poker 57
Die EZB geht „all-in" mit dem Geld der Sparer

Pietätlose Politaktivisten 60
Das öffentlich-rechtliche Nachtreten

Syrische Retter 63
Der ideologische Unfall der Frankfurter Rundschau

Schmähung statt Satire 66
Böhmermann als Erdoğans Helfer in der Not

Nach dem Referendum 69
Die Angst der Mächtigen vor dem Volk

Kanzlerinnendämmerung 72
Gefangen im Spinnennetz der eigenen Strategie

Alarm im Flüchtlingsheim 75
Das Kotelett-Attentat von Barsinghausen

Berliner Kurzschluss 78
Eine Million Gründe gegen die Elektroprämie

Reisegedanken 81
Nur Mut – seien wir mehr Dubai!

Linke Lust 84
Der Godesberger Totschlag und seine Folgen

Projekt 2080   87
Der IWF ruft den Sankt-Nimmerleinstag aus

Äpfel und Birnen   90
Die systematische Verschleierung der linken Gefahr

„Scripted Reality"   93
Flüchtlinge als Missbrauchsopfer der Gutmenschen

Blockade im Bundesrat   96
„Pure sinnlose Ideologie" als grüner Markenkern

Der „Klexit"   99
Claus Kleber verlässt den Kreis seriöser Journalisten

Panik im Politbüro   102
Die Briten weisen Europas Sonnenkönigen die Tür

Das Fundament   105
Österreich verteidigt den demokratischen Rechtsstaat

Seelenlose Statements   108
Die groteske Vermeidungsstrategie der Angela M.

Nach der Putsch-Posse   111
Der Westen bejubelt den Sieg des türkischen Führers

Erdoğans Armeen   114
Der verlängerte Arm des Despoten nach Europa

Mordende Opfer   117
Hochkonjunktur für die Attentats-Versteher

Der Parlaments-Bonus 120
Manche Betrüger beschützt die Demokratie

Olympia 2016 123
Die Scheinheiligkeit des Anti-Doping-Kampfes

Ohne Sinn und Verstand 126
Das gefährliche Paralleluniversum der Berufspolitik

Fauler Fisch 129
Die unappetitliche Kost des Heiko Maas

Debatte statt Diffamierung 132
Parteien, stärkt endlich die Demokratie!

Das Experiment 135
„Ground Zero" – blinde Wut und blinde Liebe

Die Angstmacher 138
Wenn der Staat vor linken Drohungen kapituliert

Menschen brauchen Märchen 141
Warum es brave Linksextremisten gibt

Tauber auf Pofallas Spuren 144
Wenn „Arschlöcher", die „Fresse" halten sollen

Der verbotene Handschlag 147
Wenn der Islam Frauen zu Männern erklärt

Mogelpackung Finanzreform 150
Noch mehr Geld aus Bayern für Berlin

Das Sprechverbot   153
Der Kampf der Linken gegen „falsche" Meinungen

Staatsfunk mit Zwang   156
Die Angst vor dem Verlust der Hofberichterstatter

Im Namen des Islam   159
Die fehlbesetzte Integrationsbeauftragte Özoğuz

Vertauschte Rollen   162
Die besorgten Wutbürger sitzen nun im Bundestag

Der Kungel-Club   165
Die Berufspolitik und ihre ängstliche Schafherde

Nichts verstanden   168
Der erbitterte Kampf der Politik gegen das Internet

Zensuritis   171
Die Political Correctness mutiert zum Computervirus

Das Wort des Jahres   174
Der postfaktische Reflex beleidigter Meinungsmacher

Geheimtipp Kindergeld   177
Warum Eltern gerne nach Deutschland einwandern

Gespielte Reue   180
Gute Vorsätze als Fortsetzung des Selbstbetrugs

Und dann war da auch noch das…   183

Die Freiheit des Menschen liegt nicht darin, dass er tun kann, was er will, sondern dass er nicht tun muss, was er nicht will.

Jean-Jacques Rousseau, franz.-schweiz. Schriftsteller und Philosoph

Prof. Dr. Jörg Baberowski
Wider die gelenkte Demokratie

2015 entschied Angela Merkel, Deutschlands Grenzen zu öffnen. Zwei Millionen Einwanderer strömten ins Land und bescherten der Republik die größte Staatskrise seit ihrer Gründung. Noch vor zwei Jahrzehnten wäre eine Regierung, die sich auf solche Weise über Recht und Gesetz hinweggesetzt hätte, unhaltbar gewesen. Nun aber geschah gar nichts. Die Kanzlerin erklärte, dass geschafft werden müsse, was befohlen worden sei. Deutsche hätten immerhin stets Großes geleistet. Auf dem CDU-Parteitag gab es für diese Sätze aus dem Tollhaus tosenden Beifall. Eine ganze Partei hatte ihren Verstand ausgeschaltet, und es schien, als sei die SED wieder auferstanden. Wer öffentlich Zweifel vorbrachte, die Vernunft ins Spiel bringen wollte, wurde von Politikern und ihren Helfern in Presse und Rundfunk darauf hingewiesen, dass Gehorsam erste Bürgerpflicht sei. Die staatliche Ordnung löste sich vor allen Augen auf, und nichts geschah.

Schon seit Jahren leben wir in einer gelenkten Demokratie. Die Bürger dürfen wählen, sollen es aber Berufspolitikern überlassen, Entscheidungen für sie zu treffen. Doch nicht einmal sie sind noch frei, den Lauf der Dinge zu beeinflussen. Abgeordnete sind Befehlsempfänger, die nicht ihrem Gewissen, sondern ihrer Partei gehorchen. Wer widerspricht, wird zur nächsten Wahl nicht mehr aufgestellt.

Das Parlament hat seine Macht verloren, es wird in vielen Ländern inzwischen von der Regierung kontrolliert. Alle wichtigen Entscheidungsbefugnisse sind an die EU-Kommissare übertragen worden, die sich nach Belieben über den Bürgerwillen hinwegsetzen können, obwohl sie weder durch Wahlen noch durch Sachverstand legitimiert sind. Und so kommt es, dass sich für politische Parteien nur noch interessiert, wer anderenorts nicht weiterkommt. Die meisten Politiker interessieren sich nicht für ihr Land, nicht einmal mehr für die Partei, sondern nur noch für sich selbst. Es ist inzwischen einerlei, welcher Partei sie angehören, weil sie ebenso gut jeder anderen angehören könnten. Sie leben von der Politik, sind durch das Band ihrer Interessen nur noch mit ihresgleichen, aber nicht mehr mit den Bürgern verbunden, die sie vertreten sollen.

Von den Leitmedien haben sie nichts zu befürchten, weil auch dort die Gesänge der Macht angestimmt werden. Manche Politiker hören nur noch, was sie einander als Wahrheit bestätigen, manche erleiden einen bizarren Realitätsverlust. Es regnet, aber sie selbst sehen die Sonne. In fast allen Ländern schlägt ihnen deshalb Verachtung entgegen, weil man ihnen nichts mehr zutraut und nichts mehr glaubt. Aber diese Verachtung läuft ins Leere, solange die politische Elite am Glauben festhält, sie selbst sei aufgeklärt, tolerant und weltoffen, die Bürger aber konservativ, dumm und fremdenfeindlich.

Vor einigen Jahrzehnten konnte man es sich noch leisten, apolitisch und apathisch zu sein. Heute aber steht die demokratische Ordnung auf dem Spiel. Die Bürger sind politisiert wie niemals zuvor, sie verlangen nach Mitsprache und Mitbestimmung, ernten aber nichts als Ohnmacht. Das politische Interesse wächst mit dem Misstrauen, das Politiker erzeugen. Aus diesem Dilemma gibt es nur dann einen Ausweg, wenn die Diktatur der Parteien durch eine Demokratie der Bürgergesellschaft ersetzt wird, die demokratische Willensbildung sich nicht mehr nur in Wahlen erschöpft und wenn die Macht der EU-Bürokratie gebrochen wird. Die Bürger müssen sich ihre Demokratie zurück erobern. Sonst werden sie am Ende in einer Ordnung leben, die sie zwar gewählt, aber nicht gewollt haben.

Der Beitrag erschien zuerst in der Basler Zeitung. Prof. Dr. Jörg Baberowski ist einer der renommiertesten Osteuropa-Historiker und anerkannter Gewaltforscher. Er ist Lehrstuhlinhaber für Geschichte Osteuropas an der Humboldt-Universität zu Berlin.

Prolog

Wir haben uns durch ein weiteres Jahr des Grauens gekämpft und schauen voller Schrecken auf eine Welt, die aus den Fugen geraten ist. Schon immer gab es Krisen und Katastrophen, seit jeher stehen sich an vielen Orten unseres Planeten schier unversöhnliche Lager gegenüber. Aber wenigstens in Europa und vor allem in Deutschland schien die Welt noch halbwegs in Ordnung. Zwar wirkte die Politik auch hierzulande zuweilen überfordert, doch wurde ihr insgesamt zugetraut, die Dinge zu regeln. Vor allem lebten wir Bürger bis weit ins letzte Jahrzehnt hinein in der Gewissheit einer auf dem Fundament gemeinsamer Werte errichteten Gesellschaft mit einem verlässlichen Staatswesen. Heute ist das anders.

Spätestens seit der Finanzkrise hat – zuerst schleichend, dann immer rasanter – ein Gefühl tiefen Misstrauens von weiten Teilen der Bevölkerung Besitz ergriffen. Den politisch Verantwortlichen wird zunehmend seltener zugetraut, die Probleme zu lösen. Und man glaubt ihnen nicht mehr viel. Den Anfang machten gebrochene Versprechen nach der mit knapper Not abgewendeten Kernschmelze des globalen Finanzsystems. Abgesehen von einer verschärften Regulierung, die vor allem den Kredithahn zugedreht hat, ist wenig passiert. Kaum ein Banker wurde zur Rechenschaft gezogen, nur wenige Geldhäuser mussten die Folgen ihrer jahrelangen Machenschaften selbst tragen. Und das Casino hat längst wieder geöffnet.

In jenen Jahren erlitt die sogenannte politische Elite, die nie sonderlich hoch im Ansehen stand, ihren ersten großen Vertrauensverlust. Die Wut der Bürger darüber, dass man sie zunächst nicht vor gierigen Bankern beschützt und anschließend zur Eindämmung der Krise auch noch mit ihren Steuergeldern in die Pflicht genommen hatte, trieb selbst Rentner und Hausfrauen auf die Straße. Die eng mit der Finanzlobby verwobene Berufspolitik hätte für einen Befreiungsschlag sorgen und ihre Handlungsfähigkeit ein für alle Mal zurückgewinnen können. Doch sie beugte sich der Lobbymacht und rettete ihre Großbanken. Schlimmer noch: Sie verkaufte dies den Wählern als „alternativlose" Rettung einer Kunstwährung, die sie zehn Jahre zuvor gegen deren Willen erschaffen hatte.

In immer schnellerer Folge spitzen sich seither die Krisen zu. Zum wild lodernden Euro-Flächenbrand gesellte sich das Atomkraftdebakel samt verkorkster „Energiewende". Die einseitige Parteinahme im Ukraine-Konflikt ließ die Lage erst richtig eskalieren. Und die Staatsschuldenkrise der Euro-Südländer hat nicht nur zur Aufgabe einer unabhängigen Geldpolitik geführt, sondern vor allem zum Akzeptanzverlust einer Europäische Union, die als immer bürgerferner und undemokratischer empfunden wird. Im Krisen-Dauermodus versucht die Berufspolitik nun die Feuer zu löschen, die sie selbst gelegt hat. Doch der hektische Aktionismus hat keine Lösungen zutage gefördert, sondern bloß den Bruch von Regeln, Verträgen und Gesetzen.

Gehandelt wird aus der Emotion des Moments heraus. So demonstrieren uns seit Jahren ausgerechnet jene, die heute vielen vorwerfen, sich in der Wahrnehmung der Realität nicht mehr von Fakten, sondern von Gefühlen leiten zu lassen, dass Fakten in ihrer politischen Arbeit kaum mehr eine Rolle spielen. „Postfaktisch" nennen sie unser Verhalten und haben ihre Tirade gleich noch zum „Wort des Jahres" erhoben. Dabei verfolgt der von Journalisten erfundene Kampfbegriff vor allem das Ziel, diejenigen zu diffamieren, die sich außerhalb der klassischen Redaktionen bewegen, kritische Leser ebenso, wie unabhängige Publizisten. Bejubelt von ihren medialen Erfüllungsgehilfen, weist die „politische Elite" jegliche Kritik von sich – und muss doch konstatieren, dass keine der Krisen gelöst ist. Vor allem nicht jene, die seit 2015 alles überschattet.

Die millionenfache Zuwanderung muslimischer Einwanderer, die sich aus offensichtlichen Gründen überwiegend Deutschland als neue Heimat ausgesucht haben, hat eine eindimensionale Fokussierung zur Folge, die nur noch wenig Raum (und Geld) für andere Lebensbereiche lässt. War das Vertrauen in die Berufspolitik nach den Krisen zu Beginn dieses Jahrzehnts bereits sichtlich erschüttert, erreicht es heute immer neue Tiefstände. Denn zum Eindruck der fehlenden Problemlösungskompetenz hat sich das Empfinden geschlichen, dass die Verantwortlichen in der Zuwanderungskrise nicht nur die Kontrolle verloren haben, sondern gegen die Interessen derer handeln, denen sie die Verleihung ihrer Mandate auf Zeit verdanken.

Im Zentrum aller Überlegungen scheint nur noch zu stehen, wie man es den „Neubürgern" recht machen könnte. Kein anderes Thema bewegt die Republik stärker als die Frage der Integration. Und so sehr sich alle bemühen, das Gegenteil zu behaupten, handelt es sich dabei doch nur um die tiefe Verbeugung vor dem Islam. Denn Integrationsprobleme haben in erster Linie Zuwanderer mit muslimischem Hintergrund. Doch statt diesen Umstand klar zu benennen und die entsprechenden Konsequenzen daraus zu ziehen, wird bemäntelt, beschönigt und bagatellisiert. Offenbar fürchtet die Berufspolitik, es sich mit den Wählern islamischen Glaubens zu verderben. Sie hofiert fragwürdige Islamverbände und bemüht sich, die Bedeutung der christlichen Tradition herunterzuspielen, indem sie das Laternenfest und den Wintermarkt erfindet.

Dabei wäre die selbstbewusste Verteidigung der eigenen Kultur und Weltanschauung viel zielführender. Denn nur ein klares Leitbild bietet Orientierungspunkte, um sich zu integrieren. Wer hingegen den Eindruck erweckt, seine Werte stünden zur Disposition, muss sich nicht wundern, wenn Zugewanderte ihre eigenen Wertvorstellungen zum Maßstab erheben. Eine Anbiederung an den Islam ist ohnehin nicht notwendig. Die meisten der gut viereinhalb Millionen Muslime in Deutschland sind an einem gedeihlichen Zusammenleben interessiert und wollen sich in die westliche Wertegemeinschaft integrieren. Sie leben ihre Religion weder aufdringlich aus, noch fordern sie Sonderrechte ein.

Ihnen tut man Unrecht, wenn man dem politischen Islam Raum gibt, der in den unterschiedlichsten Ausprägungen daherkommt. Er zeigt sich nicht erst in illegalen Scharia-Gerichten oder in der Indoktrinierung junger Männer in zweifelhaften Moscheegemeinden, sondern kommt schon im Anspruch zum Ausdruck, das aus den Herkunftsländern mitgebrachte Rollenbild der Geschlechter in einer westlichen Gesellschaft zu etablieren. Daher ist auch die Vollverschleierung natürlich ein Symbol des politischen Islam. Eine Gesellschaft, zu deren Selbstverständnis es gehört, dass man sich erkennen und in die Augen sehen kann, darf nicht hinnehmen, dass Frauen hinter einer Burka versteckt werden. Nicht nur weil dies Frauen herabwürdigt, sondern weil eine fehlende Identifizierbarkeit nun einmal das Zusammenleben beeinträchtigt.

So gut eingeübt sind die Rituale der politischen Klasse und ihrer Berichterstatter, dass jeder Hinweis auf die Gefahr einer unzureichenden Differenzierung zwischen dem Islam als Religion und seiner Verwendung als politisches Instrument zur Islamophobie erklärt wird. Um aber den richtigen Umgang mit dem Islam zu finden, bedarf es der Einsicht, dass er in seinem Lebenszyklus über 600 Jahre hinter dem Christentum zurückliegt. Er wird sich nicht mit einer unpolitischen Rolle zufriedengeben, solange er keine Phase der Aufklärung durchlaufen hat. Dieser Tatsache sollte sich die verantwortliche Politik stellen. Es ist naiv, die Segnungen der Religionsfreiheit jenen zukommen zu lassen, die einen politischen Anspruch erheben.

Dass unsere Gesellschaft heute so gespalten ist wie lange nicht, liegt vor allem daran, dass die Berufspolitik diesen Konflikt meidet. Aus Angst vor Verallgemeinerung und Missbrauch möchte sie die Debatte über den Umgang mit dem Islam und seinen radikalen Ausprägungen nicht offen führen. Sie entzieht sich dabei der notwendigen Auseinandersetzung mit einer Religion, die sich zugleich als Staatsform betrachtet. Stattdessen wird gelobt, geschönt und gehätschelt. Lieber setzt man sich mit radikalen Verbänden an den Tisch, als sie in die Schranken zu weisen, selbst dort, wo der Dialog längst nichts mehr bringt. Man schaut weg, naiv wie ein Kind, das hofft, der böse Geist würde verschwinden, wenn es sich nur lang genug die Augen zuhielte.

Mit dumpfen Beschwörungsformeln und ritualisierten Beschwichtigungen flüchten sich die Meinungsführer in eine Parallelwelt, die sie für real halten. Sie machen sich damit für immer mehr Bürger entbehrlich, die die Täuschung erkennen. Menschen haben durchaus ein Gespür dafür, ob sie ernst genommen oder für dumm verkauft werden. Sie wollen sich keine Wirklichkeit mehr vorgaukeln lassen, die sich mit ihrem eigenen Erleben nicht deckt. Es gab immer Politikfelder, bei denen ein Teil der Bürger den Eindruck hatte, hinters Licht geführt zu werden. Doch kein Thema war emotional jemals so aufgeladen wie die Zuwanderung, die durch den Alleingang der „Eliten" innerhalb kürzester Zeit das Selbstverständnis einer ganzen Generation erschüttert hat.

Mit der eigenmächtig ausgesprochenen bedingungslosen Kapitulation vor der Flüchtlingswelle im September 2015 hat Kanzlerin Merkel ein Fluttor geöffnet, das zur größten Umwälzung der deutschen Gesellschaft seit dem II. Weltkrieg geführt hat. Schaut man auf das, was uns noch vor zwei Jahren bewegte, sei es in der Energie-, Sozial- oder Wirtschaftspolitik, so findet heute fast nur noch das Thema Zuwanderung Platz. Und die Redaktionen scheinen ihre Hauptaufgabe darin zu sehen, den Bürger auf Linie zu bringen. Aufdringlich wurde uns erst die „Willkommenskultur" verordnet, ehe wir uns gefallen lassen mussten, beschimpft und angepöbelt zu werden, weil wir Fragen stellten. Eine völlig kritiklose Presse, die sich förmlich dabei überschlug, der Kanzlerin auf die Schultern zu klopfen, erfand zunächst die Wutbürger, dann das dunkle Deutschland und schließlich die Neuen Rechten.

Immer sind dabei dieselben gemeint, nämlich die Mitte der Gesellschaft, die sich mit der Regierungspolitik einfach nicht mehr einverstanden erklären will und dies artikuliert. Widerspruch hört man jedoch nicht gerne in den Elfenbeintürmen der Pressehäuser und Berufsparlamente. Und so war das Jahr 2016 geprägt vom Kampf der Meinungsführer gegen die Bürger. Eine politische Kaste, die sich vom Wähler abschottet, und eine Journalistenschar, die ihre Befindlichkeit zur öffentlichen Meinung erklärt, gegen Millionen von Menschen, die entschlossen sind, dem Spuk ein Ende zu bereiten. Es ist eng geworden für Deutschlands „Meinungseliten".

Doch die Herrschenden wähnen sich am längeren Hebel. Als die mit großer medialer Unterstützung abgefeuerten Verunglimpfungen keine rechte Wirkung mehr entfalteten, weil sich selbst eher unpolitische Zeitgenossen über die Angriffe auf die Meinungsfreiheit empörten, erfand das Kollektiv der Meinungsmacher kurzerhand den Begriff der Hetzte neu. Dieser umfasste ab sofort nicht mehr nur die juristische Definition, für die es allerdings keines zusätzlichen Regelungsbedarfs bedurfte, sondern schloss nunmehr alle Wortmeldungen ein, die dem Geschmack der Political Correctness zuwiderliefen. Eine private Stiftung stellt im Auftrag der Bundesregierung seither sicher, dass unliebsame Äußerungen – soweit sie in den sozialen Netzwerken getätigt werden – alsbald der Zensur zum Opfer fallen. Geführt wird die Oberaufsicht übrigens von einer ehemaligen Stasi-Mitarbeiterin.

Nicht einmal drei Jahrzehnte nach dem Mauerfall hat die politisch in der DDR ausgebildete Kanzlerin samt ihres aus Sozialisten bestehenden Koalitionspartners mit Billigung einer willfährigen Schein-Opposition zweier weiterer linker Parteien die perfiden Mechanismen der DDR wieder implementiert. Sie schickt ihren Bundesjustizminister vor, der sich darin gefällt, das Recht nach Gutdünken zu interpretieren. Schon hat die Regierungskoalition angekündigt, im Wahljahr die Gangart zu verschärfen. Bis zur Drohung, das Internet abzuschalten, reichten die Einschüchterungsversuche, eifrig beklatscht von Ex-SED und Grünen.

Tatsächlich muss man feststellen, dass viele Beiträge in Facebook & Co. unter aller Würde sind. Es wird gehetzt, gepöbelt und gefälscht. Doch zur Verfolgung dieser Delikte steht im Strafgesetzbuch eine ausreichende Zahl von Straftatbeständen zur Verfügung. Diese decken etwa die üble Nachrede und die falsche Tatsachenbehauptung ab, aber auch Verleumdungen, Herabwürdigungen und Beleidigungen. Es gibt an dieser Stelle also keinen Grund zu einer Verschärfung des Strafrechts. Ebenso bedarf es keiner neuen Gesetze zur Bekämpfung von „Fake News". Wer sich gegen Propaganda nur mit Verboten zu wehren weiß und eine Sprachpolizei installiert, um Facebook von politisch nicht korrekten, aber keineswegs strafbaren Beiträgen zu säubern, setzt sich dem Verdacht aus, dass er seine Kritiker mundtot machen will.

Dies vor allem dann, wenn nur bestimmte Äußerungen der Zensur unterliegen. Denn der Stiftung, die akribisch nach rechtsextremen Wortbeiträgen fahndet, scheint vieles durchzurutschen, was einen deutlich linksextremen Charakter hat. Sie tut sich offenbar auch ausgesprochen schwer damit, das Löschen islamistischer Hassparolen durchzusetzen. Denn so sehr sich die Verantwortlichen darüber beschweren, dass Facebook dem Wunsch nach der Entfernung von Beiträgen nur schleppend nachkommt, scheint es doch bei linksextremer und islamistischer Hetze besonders zu hapern – geht man einmal davon aus, dass die inoffiziellen Mitarbeiter des Justizministers hier mit der gleichen Gründlichkeit denunzieren.

Die Entwicklung bereitet Sorge. Wenn eine kleine Gruppe von Gesinnungsverwandten vorbei an allen Gesetzen entscheidet, was im öffentlichen Raum geschrieben werden darf, ist der Willkür Tür und Tor geöffnet. Schon jetzt treibt die Lösch-Wut abenteuerliche Blüten: Da reicht ein einfacher Mohrenkopf, um selbst anerkannte Politiker für vierundzwanzig Stunden aus dem Facebook-Rennen zu nehmen. So erging es dem Grünen Boris Palmer, immerhin seit zehn Jahren Oberbürgermeister von Tübingen, weil er das „verbotene Wort" benutzte. Dass die Rechnung der Herrschenden aufgeht, sich die unliebsamen Gegner durch Denunziation und Zensur vom Hals zu halten, darf doch arg bezweifelt werden. Eher schon schüren sie den Hass und bringen immer größere Teile der Gesellschaft gegen sich auf.

Deutschland steuert auf eine ungewisse Zukunft zu. Sie macht der Berufspolitik so große Angst, dass diese nach dem Scheitern in der Euro-Krise und im Zuwanderungschaos nun zum letzten Mittel greift: Sie vergeht sich an Rechtsstaat und Gewaltenteilung, indem sie die Regeln der Meinungsäußerung nicht nur neu definiert, sondern sich selbst zum Richter macht. Dass das Parlament unter Merkel nicht mehr viel zu sagen hat, scheint da kaum noch von Belang. Ebenso, dass das Staatsoberhaupt bestimmt wurde, bevor es gewählt ist. Die Demokratie ist in Gefahr. Nicht durch jene Phantome, nach denen Antifa und Amadeu Antonio Stiftung jagen, sondern durch eine Berufspolitik, die auf das Grundgesetz zu pfeifen scheint.

Gefahr lauert aber auch von den Medien, die angeführt vom öffentlich-rechtlichen Rundfunk mit harten Bandagen um den Erhalt der Deutungshoheit ringen. Verzweifelt kämpfen sie gegen den Auflagenverlust und sinkende Quoten, weil der Nachrichtenkonsument nicht mehr bereit ist, für Journalismus zu bezahlen, der ihn umerziehen will. Statt sich auf ihre wesentliche Pflicht zu konzentrieren, nämlich die Berichterstattung, hat sich eine selbstreferentielle eitle Kaste von ihrer Kundschaft entfremdet, der sie zu lange halbgare Gerichte aufgetischt hat. Ihre enge Kollaboration mit der politischen „Elite" hängt ihr wie ein Mühlstein um den Hals. Und ihre Diffamierungskampagnen haben sie im Ansehen weiter sinken lassen. So sucht die Medienmeute ihr Heil in der Bekämpfung kritischer Bürger und weiß sich dabei in bester Gesellschaft mit der Berufspolitik.

Das Thema Integration bestimmt unsere Nachrichten und wird uns sicher noch sehr lange beschäftigen. Doch wir sollten in Zukunft den Fokus stärker auf die lenken, die nicht integriert sind, und von ihnen deutlich größere Anstrengungen verlangen Nicht nur von jenen mit Migrationshintergrund, sondern auch von den Tausenden in den Redaktionsstuben und im Bundestag. Erst, wenn Politik und Medien wieder bereit sind, sich zu integrieren, kann die Spaltung der Gesellschaft überwunden werden. Bis dahin wird es noch viele Angriffe auf unsere Demokratie geben. Das Grauen der Nichtintegrierten habe ich anhand von über fünfzig Beispielen ein Jahr lang aufgezeichnet.

Das Grauen eines ganzen Jahres

Der „Rechtsstaatsmechanismus"
Europas scheinheiliger Angriff auf Polen

Seit der Parlamentswahl 2015 ist Polen in Brüssel in Ungnade gefallen. Angeführt von EU-Kommissar Günther Oettinger, glaubt eine stimmgewaltige Riege europäischer Berufspolitiker seither, Polen müsse siebzig Jahre nach dem Krieg „unter Aufsicht gestellt" werden. Dabei dürfen sich Oettinger und seine Mitstreiter der Unterstützung vor allem der deutschen Medien sicher sein, die sich davor fürchten, dass ihr immer aggressiverer Linksruck ernstzunehmende Gegenwehr erhalten könnte. Denn es würde sich etwas ändern in der Medienwelt. Die künftige polnische Berichterstattung über die Farce einer völlig aus den Fugen geratenen europäischen Politik dürfte auch hierzulande ihren Niederschlag finden.

Manchem Träumer, der immer noch an den Lippen der hiesigen Journaille hängt, droht dann ein jähes Erwachen. Und die deutsche Berufspolitik muss sich auf noch mehr Gegenwind einstellen, wenn dem Einheitsbrei der wohlgeneigten Journalisten eine andere Sicht entgegengestellt wird. Es ist die Angst vor einer anderen als der selbst verbreiteten Wahrheit, die dazu führt, dass Vorgänge in souveränen demokratischen Staaten inzwischen mit einem Vokabular gegeißelt werden, das den Diktaturen des vergangenen Jahrhunderts entliehen scheint. Demokratische Grundsätze gelten im Kampf gegen konservative Weltanschauungen ohnehin nicht mehr.

Natürlich schafft sich Polens Regierung mit der Gesetzgebung, die das Staatsfernsehen umkrempelt und den Einfluss der ausländischen (überwiegend deutschen) Verleger zurückdrängt, ein Sprachrohr. So, wie hierzulande der öffentlich-rechtliche Rundfunk Sprachrohr der Bundesregierung ist. Keine Seite kann dabei wirkliche journalistische Unabhängigkeit reklamieren. In Deutschland ist es schon lange Usus, dass jene Medienvertreter aussortiert werden, die sich zu offensichtlich dagegen wehren, den Steigbügelhalter für die Politik zu spielen. Im Konzert der Berliner Berichterstatter dürfen sie dann nicht mehr mitspielen. Oder sie werden gleich ganz entsorgt, wie Nikolaus Brender.

Der ehemalige Chefredakteur des ZDF wurde 2010 auf Druck der Politik aus dem Amt gejagt, weil er den Sender zu unabhängig führte. Dazu stellte das Bundesverfassungsgericht im März 2014 fest, dass die Regelungen des ZDF-Staatsvertrages einen übermäßig großen staatlichen Einfluss ermöglichen. Geändert hat sich wenig. Vielmehr drängt sich immer mehr der Eindruck auf, dass gerade der öffentlich-rechtliche Rundfunk sich der staatlichen Propaganda verschrieben hat. Mit welchem Recht also glauben wir Deutsche einer demokratisch gewählten Regierung vorschreiben zu können, wie sie ihren Staatsfunk organisiert? Oettinger gaukelt uns vor sich dafür einzusetzen, „die Bürger unabhängig zu informieren". Doch er und seine Helfer scheinen eben diese unabhängige Berichterstattung unterbinden zu wollen.

Natürlich muss niemand Sorge haben, dass die durch eine rechtskonservative Regierung veränderte polnische Tonart 500 Millionen EU-Bürger plötzlich zu Nazis macht. Wenn in Europas Medien künftig noch mehr unterschiedliche Stimmen auch vom Rand erklingen, kann dies der Meinungsfreiheit nur gut tun. Denn je größer die Vielfalt der Sichtweisen, umso eher kann sich jeder sein eigenes Bild von der Wirklichkeit machen. Was jeder Demokrat begrüßen dürfte, verängstigt die Berufspolitik. Nichts verträgt sich schlechter mit dem eigenen Machtanspruch als mündige Bürger.

Es sieht so aus, als sollte das Jahr 2016 eine Wende markieren. Europas Wähler haben sich von einer politischen Kaste emanzipiert, die sie jahrzehntelang gegängelt hat. Die von machthungrigen Postenjägern installierte EU-Herrschaft ist ins Wanken gekommen. Ihr Fall bietet die Chance, mit der Rückbesinnung auf die Prinzipien von Eigenverantwortung, Souveränität und Rechtsstaatlichkeit den europäischen Frieden auch für die nächsten Generationen zu sichern.

Kölner Polizei-Bashing
Der Jäger und seine öffentlich-rechtlichen Jagdhunde

In den ersten Stunden des Jahres 2016 fand ein weiterer gezielter Angriff auf unsere Werte statt. Inzwischen ist amtlich, was die Spatzen bereits am Neujahrsmorgen von der Domspitze pfiffen: Köln wurde von rund Eintausend nordafrikanischen und arabischen Einwanderern überfallen – von jenen also, die die Medien so gerne zu „Flüchtlingen" machen. „Größtenteils handelt es sich um Asylsuchende und Personen, die sich illegal in Deutschland aufhalten", so die Polizei in einer Pressemeldung. Zwar versucht sich das Kollektiv der Guten immer noch darin, die Realität zu leugnen, doch selbst die Kanzlerin hat die Nase gestrichen voll.

Merkel weiß, dass all jene recht behalten haben, die bereits im Sommer 2015 gewarnt hatten. Heimlich rollt sie ihre Willkommensfähnchen ein. Und sogar der Bundesjustizminister hat irgendwie mitbekommen, dass die massenhaft verübten Straftaten „abgestimmt und vorbereitet" waren. Die Ereignisse in Köln und vielen anderen Städten Deutschlands trafen die Sicherheitsbehörden dennoch völlig unvorbereitet. Dabei musste den politisch Verantwortlichen klar sein, was es bedeutet, wenn Millionen von Menschen aus Kulturkreisen zu uns strömen, in denen mittelalterliche Wertevorstellungen herrschen. Statt der Selbsterkenntnis gab es jedoch nur ein Bauernopfer: Innenminister Jäger entließ Kölns Polizeipräsidenten.

Und Teile der Medien weigern sich weiterhin standhaft, der himmelschreienden Wahrheit ins Gesicht zu sehen. Immer noch wird bagatellisiert, verschleiert und vor vorschnellen Schlüssen gewarnt. Vor allem der öffentlich-rechtliche Rundfunk will partout verhindern, dass dem Durchschnittsbürger das ganze Ausmaß der von Merkel herbeigeführten Situation bewusst wird. Zwar dürfte es nun vorbei sein mit dem Sprachdiktat einiger Sender, die ihren Interviewpartnern nach dem Überfall auf Köln zunächst verboten hatten, im Zusammenhang mit den Straftaten über die Rolle von Flüchtlingen zu reden, doch die neue Strategie des Staatsfunks ist um keinen Deut ehrbarer.

Durch die sozialen Netzwerke der Falschinformation und Vertuschung überführt, sucht das Heer der Journalisten nun einen Sündenbock für die eigenen Verfehlungen und hat dabei die Polizei als Schuldigen für die Ereignisse des Jahreswechsels ausgemacht. Sicher hat diese in der Neujahrsnacht nicht konsequent genug gehandelt, sie war aber einfach auch zahlenmäßig deutlich unterlegen. Man muss ihr vorwerfen, aus Furcht vor den Schergen der Political Correctness ihren Einsatzbericht geschönt sowie Herkunft und Organisationsgrad der Täter zunächst verschwiegen zu haben. Doch es ist an Scheinheiligkeit nicht zu überbieten, wenn nun ausgerechnet diejenigen über eine verunsicherte Polizei herfallen, die die Angst vor dem Aussprechen von Wahrheiten über Jahre hinweg erst geschürt haben.

Polizeimeldungen machen keine Angaben zur Nationalität der Täter, damit die Verteilung der Straftaten auf die verschiedenen Migrantengruppen im Ungefähren bleibt. Umgekehrt gilt dies selbstverständlich nicht. Fein säuberlich wird notiert, wenn ein Opfer einen Migrationshintergrund hat. Und sollte sich doch die Beschreibung eines ausländischen Straffälligen in den Bericht verirren, wird diese von den Redaktionen herausgefiltert. In Fällen, wo dies – etwa durch äußerliche Merkmale – nicht möglich ist, wird auch schon einmal in Erwägung gezogen, über den Fall gar nicht zu berichten, wie etwa beim „Aktenzeichen XY", das einen Suchappell nicht ausstrahlen wollte, weil der Täter dunkelhäutig war.

Es muss ein Umdenken erfolgen, wollen wir die Akzeptanz der Demokratie nicht aufs Spiel setzen. Ausländische Straftäter müssen nach den gleichen Kriterien beurteilt und mit der gleichen Härte verurteilt werden wie alle anderen. Eine gutmenschelnde Presse schadet dem Rechtsstaat ebenso wie eine einseitig nachsichtige Justiz. Und die Polizei muss endlich von den politisch Verantwortlichen unterstützt werden, statt die Einsatzkräfte als Feigenblatt zu missbrauchen und sie linken Gewalttätern als Kanonenfutter vorzusetzen. Ralf Jäger ist einer der Schuldigen an den Übergriffen von Köln. Der SPD-Innenminister muss gehen, um nicht nur in Nordrhein-Westfalen einen Neuanfang zu ermöglichen.

Bald „isch over"
Schäubles Schachzug bringt Merkel in Not

Deutschlands Finanzminister Wolfgang Schäuble ist keiner, der seinen Gegnern plump den Dolch in den Rücken stößt. Der gewiefte Taktiker war mehr als einmal selbst Opfer politischer Intrigen und ist dabei unter anderem von Angela Merkel eiskalt abserviert worden. Nun scheint die Stunde der Rache gekommen. Mit seiner Anregung zur Erhöhung der Spritsteuer hat das letzte verbliebene Schwergewicht unter den CDU-Männern der am Abgrund stehenden Kanzlerin den vielleicht entscheidenden Stoß versetzt.

Zur Bewältigung der immensen Kosten einer unkontrollierten Zuwanderung möchte Schäuble „eine Abgabe auf jeden Liter Benzin in einer bestimmten Höhe erheben". Natürlich weiß er besser als jeder andere um die Sprengkraft seines Vorschlags. Und es gehört nicht viel Phantasie dazu, diesen als wohl kalkulierten Beitrag in der seit Silvester immer stärker aufgeheizten Debatte zu verstehen, um die Wähler gegen die Kanzlerin aufzubringen. Denn mit dem Angriff auf das Portemonnaie erreicht die von Merkel verordnete Willkommenskultur auch die naivsten Fähnchenschwenker. Entsprechend groß ist nun die Empörung – vor allem in der CDU selbst. Um die Anstrengungen ihres Wahlkampfs in Rheinland-Pfalz betrogen, erzwang CDU-Vize Julia Klöckner ein umgehendes Dementi der Steuererhöhungspläne.

Die von Schäuble angeregte europäische „Koalition der Willigen" ist angesichts der seit Wochen schwelenden Konflikte zwischen den EU-Partnern ein Wunschtraum. Mehr noch als hierzulande dürfte die ins Spiel gebrachte „Flüchtlingssteuer" in den übrigen Teilen Europas das Fass zum Überlaufen bringen. Merkel hat die europäische Einheit möglicherweise irreparabel beschädigt und den gesellschaftlichen Frieden in Deutschland in Gefahr gebracht. So groß ist der Schaden, den die Kanzlerin angerichtet hat, dass selbst der Koalitionspartner von der SPD die sich zuspitzende Situation inzwischen in einer Form kommentiert, die noch vor wenigen Wochen den parteieigenen Bundesjustizminister auf den Plan gerufen hätte.

Blankes Entsetzen herrscht auch in der CDU, in der offen beklagt wird, dass Merkel dabei ist, „die Demokratie in ihren Grundfesten zu erschüttern". Ehemalige Verfassungsrichter lassen öffentlich durchblicken, dass sie die Alleingänge der Kanzlerin als verfassungswidrig einstufen. Und während die grüne Opposition lediglich darüber jammert, dass Wolfgang Schäuble mit seinem Vorstoß „nur noch mehr Vorbehalte" schüre, findet FDP-Chef Christian Lindner klare Worte: Mit Blick auf das von Merkel verursachte Chaos fordert er „die Amtszeit von Kanzlern auf acht Jahre zu begrenzen, damit der Bezug zur Realität erhalten bleibt". Er gibt damit einen Anstoß für eine dringend notwendige öffentliche Debatte, die allerdings noch viel weiter gehen muss.

Die Reformüberlegungen sollten eine Direktwahl der höchsten Staatsämter ebenso einschließen, wie eine Beschneidung der Parteienmacht durch die Kappung der Parteienfinanzierung und eine weitgehende Abschaffung des Berufspolitikertums. Immer stärker gerät nämlich die Akzeptanz der Demokratie durch die Exzesse unserer Volksvertreter in Gefahr. Lange Zeit hat das Wahlvolk die Geringschätzung durch die Parteien achselzuckend hingenommen, doch Merkels Selbstermächtigung beim Umbau der Gesellschaft an der Bevölkerung und allen Gremien vorbei hat viele wachgerüttelt.

Eine Zeitenwende hat die Neujahrsnacht daher nicht nur für die deutsche Politik insgesamt gebracht, sondern vor allem für Merkel selbst. Man darf gespannt sein, wie sie die kommenden Landtagswahlen übersteht. Und während die CDU nach Wegen zur Schadensbegrenzung sucht, geht es für Deutschland um sehr viel mehr: Wir brauchen eine „Koalition der Demokraten", um schnellstmöglich dafür zu sorgen, dass Angela Merkel in Deutschland und Europa keinen weiteren Schaden anrichten kann. Vielleicht wird so mancher dem klugen Taktiker Schäuble für seinen Schachzug im Nachhinein noch dankbar sein.

Pfälzer Posse
Das Demokratieverständnis einer Nichtgewählten

Die Landtagswahl in Rheinland-Pfalz wirft ihre Schatten voraus. Und es sieht ganz danach aus, als sollte am 13. März politisch einiges wieder gerade gerückt werden, was fünf Jahre zuvor durch die Fukushima-Hysterie aus den Fugen geraten war. So kommen die Grünen aktuell nicht einmal mehr auf die Hälfte ihres allerdings absurd hohen Ergebnisses von 2011. Und auch der Koalitionspartner muss Federn lassen. Eine abermalige Übernahme der Regierungsbildung nach dem Urnengang im März scheint für die SPD mehr als fraglich. Kein Wunder, dass die Nerven blank liegen. Vor allem die der Ministerpräsidentin, die das kleine Bundesland im Südwesten regiert, ohne jemals gewählt worden zu sein.

Malu Dreyer hatte 2013 Kurt Beck beerbt, als dieser keine Lust mehr auf den Job hatte. Von ihm hat sie auch den traditionell von Rheinland-Pfalz belegten Vorsitz in der sogenannten Rundfunkkommission übernommen, dem Gremium, das die gemeinsame Medienpolitik der Bundesländer bestimmt. Eine auf Abruf stehende Ministerpräsidentin mit der Macht, in die Medien hineinzuregieren – man hätte ahnen können, dass das nicht gutgehen konnte. Der Konstruktionsfehler im System des Staatsfunks hat in der abgelaufenen Woche dann auch genau jenes Ergebnis produziert, vor dem Kritiker schon lange warnen.

Vor zwei Jahren hatte das Bundesverfassungsgericht dem ZDF ins Stammbuch geschrieben, der dortige Einfluss der Parteipolitik müsse deutlich reduziert werden. Gleiches dürfte für die Gremien der ARD gelten. Dreyer zeigt sich davon unbeeindruckt. Ihr Veto gegen eine Gesprächsrunde mit allen Parteien und das Einknicken des SWR, der diesem Einspruch stattgab, sind wahrlich kein Ruhmesblatt für die deutsche Demokratie. Die verzweifelt um ihre Macht ringende Regierungschefin wollte sich partout nicht mit der AfD an einen Tisch setzen. Es sei ja auch bisher nicht üblich gewesen, Parteien einzuladen, die nicht im Land- oder Bundestag sitzen, gab sie zu Protokoll.

Am Ende kommt es nun nicht einmal zum flotten Dreier mit SPD, Grünen und CDU. Als Staffage für eine sich selbst beweihräuchernde Koalition wollte sich nämlich CDU-Frontfrau Julia Klöckner auch nicht hergeben. Die Pfälzer Posse um den ohnehin wenig telegenen Parteiengipfel bestätigt alle vermeintlichen Vorurteile über Medien und Politik. Ein unabhängiger Rundfunk bleibt der unerfüllbare Traum aller Staatsromantiker. Es genügt das Räuspern einer der vielen Politiker in den Gremien, um Programmkonzepte über den Haufen zu werfen, unliebsame Gegner auf Distanz zu halten und für die eigene Hofberichterstattung zu sorgen. Umgekehrt zeigt Dreyers krudes Demokratieverständnis die Unfähigkeit der Verantwortlichen, sich mit neuen gesellschaftlichen Strömungen auseinanderzusetzen.

Die Politik hat es mit Beschimpfung, Beleidigung, Denunziation und Ignoranz versucht, um sich unliebsame politische Meinungen vom Hals zu halten. Nie hat sie es mit einer wirklichen argumentativen Auseinandersetzung probiert, geschweige denn mit Selbstreflexion oder gar Selbstkritik. Das bundesweite Erstarken der AfD, das diese im Frühjahr in drei Landtage spülen und Deutschlands politische Landschaft nachhaltig verändern dürfte, ist unmittelbares Ergebnis einer sich seit vielen Jahren immer weiter von der Bevölkerungsbasis entfernenden Berufspolitik. Wo selbst SPD-Ortsverbände wie in Essen gegen Flüchtlingsheime auf die Barrikaden gehen, verbannen deren Genossen aus den Elfenbeintürmen der Landes- und Bundespolitik gleichlautende Forderungen ins Reich des Nationalsozialismus, wenn sie aus einem nicht genehmen politischen Umfeld erhoben werden.

Wer jedoch in einer Demokratie glaubt, sich seine Gesprächspartner aussuchen zu können, und hofft, Drohungen und Einschüchterungen würden reichen, um Andersdenkende loszuwerden, sollte besser nicht auf politische Kontrahenten zeigen, die er im radikalen Milieu verortet. Die offenbar wenig diskursfreudige Ministerpräsidentin hat sich und ihrer Partei einen Bärendienst erwiesen. Sie hat aber vor allem einen weiteren Beitrag zur Erosion der Demokratie geleistet.

Der erfundene Tote
Ein neuer Tiefpunkt für den Komplizen-Journalismus

Erneut hat sich ein Gutmensch als „Schlechtmensch" entpuppt. Und einmal mehr haben sich die Medien als willfährige Komplizen betätigt, weil ihnen die grausame Lügengeschichte des Dirk V. nur allzu gut ins Konzept passte. Mit dem erfundenen Tod eines syrischen Zuwanderers hat sich der Mitarbeiter einer „Flüchtlingshilfe" ein paar Stunden Aufmerksamkeit gesichert. Er sei betrunken und überlastet gewesen, habe sich „in eine Geschichte hineingesteigert" und sie „in diesem Moment wohl selbst geglaubt", gab Dirk V. via Facebook zu Protokoll. Viele Gutmenschen leben tatsächlich in ihrer eigenen Welt. Das unterscheidet sie von guten Menschen.

In dieser Parallelwelt ist kein Platz für Wahrheiten. Die Wahrnehmung ist derart verzerrt, dass die um sich selbst kreisenden Gutmenschen ihre Einbildung für real halten. Auf Trunkenheit und Müdigkeit kann sich jedenfalls niemand herausreden, der stundenlang einen Live-Ticker über einen angeblich Sterbenden in den sozialen Netzwerken geführt hat. Per Facebook ließ Dirk V. am frühen Mittwochmorgen alle Welt teilhaben am Tod, den es nie gab, von den ersten Minuten, als er einen grippekranken Syrer mit hohem Fieber vor dem Berliner Sozialamt („Lageso") gefunden haben wollte, über den quälend langen Weg ins Krankenhaus, bis zum Moment, als der 24-Jährige angeblich in seinen Armen starb.

Und sofort stürzte sich die Netzgemeinde auf die Story. All jene meldeten sich zu Wort, die schon immer gewusst haben wollten, dass Deutschland unsozial ist und Fremde bei uns nur Menschen zweiter Klasse sind. Sofort wurden politische Forderungen nach einer humaneren Flüchtlingspolitik erhoben und die vermeintlich Verantwortlichen an den Pranger gestellt. Es gab gar welche, die dem vermeintlichen Erstarken der neurechten Szene eine Mitschuld am Tod gaben. Köpfe müssten rollen, nun habe das Versagen in der Flüchtlingspolitik eine völlig neue Dimension erreicht. Kerzen wurden aufgestellt, Transparente gemalt und Trauerbotschaften angebracht. Weit und breit fand sich kein einziger Pressevertreter, der Genaueres wissen wollte.

Denn nicht nur das Heer der Gutmenschen war völlig aus dem Häuschen ob des staatlich verschuldeten Todes eines Flüchtlings, auch die versammelte Riege der Journalisten kannte nur eine Frage: Wie konnte das passieren und wer muss dafür zur Rechenschaft gezogen werden? Weit und breit war bis in die Mittagsstunden niemand anzutreffen, der die Erzählung hinterfragte. Jeder, der dies wagte, wurde von der Facebook-Gemeinde zum Nazi gestempelt. Als Polizei und Krankenhäuser im Laufe des Nachmittags immer mehr Zweifel an der Geschichte vom Lageso-Toten äußerten, machten sich auch die ersten Journalisten an die längst überfällige Recherche. Bis zum Abend war klar: Es gab keinen Toten. Alles nur erstunken und erlogen.

Der Vorgang ist nicht nur ein Fiasko für die „Flüchtlingshilfe" selbst, die ihrem ehrenamtlichen Helfer blind vertraute, sondern vor allem für die deutschen Medien. Die ohne jede Prüfung innerhalb von Minuten verbreitete Geschichte vom Tod eines Flüchtlings, den es nicht gab, steht im krassen Widerspruch zur journalistischen Sorgfalt, mit der in den Tagen nach Silvester die unterbliebene Berichterstattung begründet worden war. Damit haben die Journalisten selbst den Beweis für ihre Einseitigkeit sowie das Fehlen jeglicher Distanz und Objektivität geführt. „Lügenpresse" muss da von außen keiner mehr rufen.

Wer unbestätigte Meldungen immer dann in Umlauf bringt, wenn sie dem eigenen Weltbild entsprechen, umgekehrt aber tagelang Nachrichten zurückhält, weil er deren Inhalt ablehnt, hat seine Legitimation verloren. Inzwischen sieht sich bereits die Parlamentarische Versammlung des Europarates gezwungen, eine deutliche Mahnung nach Deutschland zu schicken, weil sie die Wahrhaftigkeit in der Medienberichterstattung bedroht sieht. Man hat es nach Silvester nicht für möglich gehalten, doch für den deutschen Journalismus geht es immer noch ein Stück weiter nach unten. Mit der gefälligen Verbreitung der Berliner Lügengeschichte hat er einmal mehr gezeigt, dass er an der Wahrheit nicht interessiert ist.

Muttis Murks
Wer zu spät geht, den bestraft das Leben

Die Uhr tickt. Darf Angela Merkel möglicherweise nur noch bis zu den drei Landtagswahlen im März Kanzlerin bleiben? Wenn die Ergebnisse in Baden-Württemberg, Rheinland-Pfalz und Sachsen-Anhalt feststehen, dürfte es Zeit sein, zu gehen. Seit Wochen muss die CDU wegen Merkels Politik ein Umfragetief nach dem anderen verdauen. In Scharen wechseln die Wähler die Fronten. Satte 81% aller Deutschen lehnen den Kurs der Kanzlerin in der Zuwanderungspolitik ab, und selbst unter den Anhängern von CDU/CSU sind es immer noch stolze zwei Drittel. Klarer kann das Misstrauensvotum der Wähler nicht ausfallen.

Merkel ist in einer Weise abgestürzt, wie man es selten erlebt hat. Nur noch 46% halten ihr die Stange. Es waren einmal drei Viertel und mehr. Weitsichtige Beobachter hatten gewarnt, als Merkel 2005 das Zepter übernahm, doch die Mehrheit der Deutschen brauchte ein ganzes Jahrzehnt, um zu erkennen, welche Gefahr von einer Frau für Demokratie und Rechtsstaat ausgeht, die ihr politisches Handwerk in einer Diktatur erlernt hat. Merkels Abgang kommt vielleicht gerade noch rechtzeitig, um das von ihr angerichtete Chaos zu ordnen. Es gilt, die gespaltene Gesellschaft halbwegs zu einen, vor allem aber Verfassung, Strafrecht und Parlamenten wieder Geltung zu verschaffen.

Gerade noch hatte Deutschlands Regierungschefin mit dem mühsam ausgehandelten Asylkompromiss gehofft, sich etwas Luft zu verschaffen, da schießt ihr Berliner Koalitionspartner quer: Vize-Kanzler Gabriel will von einem Unterbinden des Familiennachzugs für minderjährige Zuwanderer plötzlich nichts mehr wissen. Das sogenannte Asylpaket II steht auf der Kippe. Es war ohnehin nur als Beruhigungspille für jene gedacht, die nicht durchschauen, dass die meisten Maßnahmen gar nicht umsetzbar sind. Noch dementiert Statthalter Schäuble tapfer alle Gerüchte, er könnte auserkoren werden, um nach Merkel die Union als Sanierer bis zur Bundestagswahl wieder auf Kurs zu bringen. Doch dem restlichen Führungspersonal reißt zunehmend der Geduldsfaden.

Mehrfach hat die mitten im Wahlkampf stehende Julia Klöckner ihren Unmut kundgetan. Am Wochenende legte sie noch einmal nach. Für sie läuft Merkels Galgenfrist bereits beim EU-Gipfel am 18./19. Februar ab. Klöckner mag man noch unterstellen, sie schiele selbst auf das Kanzleramt. Für ihren Kollegen Boullion gilt dies sicher nicht. Der saarländische CDU-Innenminister befürchtet Unruhen und Gewalt. Er sendet eine deutliche Botschaft nach Berlin, wenn er sagt spätestens im Frühjahr werde „auch der einheimischen Bevölkerung irgendwann der Kragen platzen". Dann wird Merkel selbst die Hilfe der Springer-Presse nichts mehr nutzen. Da kann ihr Mann als Mitglied des Vorstands der Friede-Springer-Stiftung im Hintergrund so eifrig die Fäden spinnen, wie er mag.

Auch mit der Entsendung wackerer Getreuer in die allabendlichen Talkshows lässt sich das Ruder nicht mehr herumreißen. Niemand will sie mehr hören. Schon der vermeintliche Coup, den abgetauchten Peter Altmaier wieder aus der „Flüchtlingskoordinatoren"-Kiste hervorzukramen, verfehlte seine Wirkung gänzlich. Der Rechtsstaat ist mit derlei Theater nicht wiederzubeleben. Eine Liebesbeziehung war es nie zwischen Merkel und der deutschen Verfassung. Doch der Realitätsverlust, der sich am Ende einer viel zu langen Amtszeit unweigerlich einstellt, hat eine Gesamtlage herbeigeführt, die unsere Demokratie nachhaltig beschädigt hat.

Beim Wiederaufbau Deutschlands nach dem unrühmlichen Kapitel Merkel sollten alle politisch Verantwortlichen in einem überparteilichen Vorstoß daher schnell die Voraussetzungen für eine Begrenzung von Amtszeiten schaffen. Vorrangig muss aber die Kontrolle der Verfassungsorgane über die staatlichen Abläufe wiederhergestellt werden. Dazu gehört neben der Stärkung von Richtern und Abgeordneten, ein Stück staatliche Souveränität von Brüssel zurückzuerobern. Es kann gelingen – nutzen wir die Chance, die ein Neuanfang bietet.

Sehnsucht nach Migranten
Eilenbergers Angst vor dem Nazi-Team

Linker Populismus garantiert stets den Applaus der Journalistenriege. Es verwundert daher nicht, dass Wolfram Eilenberger, Chefredakteur eines allerdings nur Insidern bekannten philosophischen Magazins, gerne einmal von der um sich selbst kreisenden Szene gefeiert wird. Nun hat ihm die „Zeit" eine Plattform für seine kruden Ableitungen gegeben. Eilenbergers Kernbotschaft lautet, die Fans der deutschen Handball-Nationalmannschaft unterstützten das Team vor allem deshalb, weil es durchweg aus reinrassigen Deutschen bestehe. Dass immerhin der Bundestrainer Ausländer ist, lässt Eilenberger nicht gelten, bediene dieser als Isländer doch lediglich die deutsche Sehnsucht nach dem Nordisch-Arischen.

Der abenteuerliche Beitrag gipfelt in der Feststellung, das Fehlen jeglicher Nationalspieler mit Migrationshintergrund sei der Beweis für die Rückständigkeit des deutschen Handballs. Das ist eine interessante Theorie, war man bisher doch davon ausgegangen, dass im Spitzensport Misserfolge das untrügliche Zeichen für Rückständigkeit seien. Es gehört schon viel ideologische Verblendung dazu, der derzeit besten Mannschaft Europas Migranten als Selbstzweck aufschwatzen zu wollen und Millionen von Fans zu verkappten Nazis zu erklären, weil es offenbar keine deutschen Spieler mit ausländischen Wurzeln gibt, die gut genug fürs Europameister-Team sind.

Während der schreibende Hobby-Kicker mit Trainerschein in seinen Wortmeldungen so gerne über den Fußball als leuchtendes Vorbild für ein buntes Deutschland voller Vielfalt schwadroniert, sagt er der zuvor jahrelang siechenden Handball-Nationalmannschaft eine „strahlende Zukunft" nur aus dem einen Grund voraus, dass sie eine von ihm unterstellte nationalistische Sehnsucht bediene. Fein säuberlich listet Eilenberger die Vornamen aller Spieler auf, unter denen sich zwar „nordische Arier" wie Finn, Erik und Rune befinden, aber kein Mesut, Sami oder Jerome. Mit Blick auf das Mannschaftsfoto stellt er erschüttert fest, man verfüge über „keinen einzigen Spieler mit dunkler Hautfarbe oder auch nur südländischem Teint". Na und?

Mit seinem Gejammer reiht sich Eilenberger ein in die links-grüne Alarmfraktion, der schon die Tatsache Unbehagen bereitet, dass es überhaupt Nationalstaaten gibt. Titelkämpfe zwischen Nationalteams stufen die Multi-Kulti-Träumer als Rassismus fördernde Veranstaltungen ein. In schauriger Erinnerung bleibt der Sommer 2014, als weite Teile der deutschen Bevölkerung den vierten Fußball-Weltmeistertitel feierten, während wildgewordene Anarchisten deutsche Fahnen herunterrissen und Anti-Rassismus-Polonaisen vollführten. Nun ist Deutschland also auch noch Handball-Europameister – das ist für die Eilenbergers dieser Welt kaum zu ertragen. Wie gerufen kommt da ein Nationalteam, das alle links-grünen Vorurteile perfekt zu bedienen scheint.

Doch im Deutschland des Jahres 2016 wollen sich immer weniger Bürger die jahrelang ertragenen Tiraden aus dem Antifa-Milieu noch gefallen lassen. Und es ist gut, dass sich auch die deutsche Handball-Szene klar gegen den respektlosen Angriff zur Wehr setzt. Wer alles, was in einem Land passiert, nur noch unter dem Gesichtspunkt einer vermuteten Diskriminierung betrachtet, ist meilenweit entfernt von seinen vorgeblichen großen Idealen. Eilenbergers Verunglimpfung von Millionen unbescholtener Handball-Fans zeigt, dass es den links-grünen Gesinnungspolizisten nicht um die Sache geht, sondern um die Verbreitung und Durchsetzung ihrer Ideologie.

Es reicht ihnen, dass ein Land genug migrationslose Eigengewächse für seine Elitemannschaft hervorgebracht hat, um dem Sport und seinen Anhängern nationalistische Anwandlungen zu attestieren. So absurd kommt das Geschwurbel des selbsterklärten Philosophen daher, dass es einem den Atem raubt. „Wenn Fußball Merkel ist, ist Handball Petry", resümiert Eilenberger. Dümmer geht´s kaum. Zum Glück stellt der 43-Jährige am Ende fest, Handball werde auch künftig „ohne mich als Fan oder auch nur Zuschauer stattfinden". Wir sind erleichtert.

Münchhausen in Ratingen
Der „Flüchtling" – Dein Freund und Finder

Im Zeitungsmarkt ist die Rheinische Post einer der Platzhirsche in Nordrhein-Westfalen. Rund 300.000 Exemplare betrug die tägliche Auflage im vierten Quartal 2015. Das eher konservative Blatt kann sich zwar dem allgemein rückläufigen Trend nicht entziehen, wird aber nach wie vor von 270.000 Haushalten abonniert. Der vor 20 Jahren ins Leben gerufene Internetauftritt ist heute der reichweitenstärkste Online-Dienst einer regionalen Tageszeitung in Deutschland. Es handelt sich hier also nicht um irgendeine Postille. Umso schlimmer, dass sich nun auch die Rheinische Post für die billige Propaganda hergibt, die uns seit einem Dreivierteljahr verfolgt.

Als 2015 die Zahl der Zuwanderer explodierte und die Einwanderung außer Kontrolle geriet, machten deutschlandweit immer neue Meldungen von „Flüchtlingen" die Runde, die angeblich verlorenes Geld gefunden und artig abgegeben hatten. Die ausgedachten Geschichten hatten den Zweck, die staatlich verordnete „Willkommenskultur" zu etablieren. Sie waren Bestandteil einer beispiellosen Kampagne, mit der man dem aufkommenden Unbehagen an der immensen Zuwanderungswelle begegnen wollte. Auch RP-Online schloss sich der Kampagne an und vermeldete, ein ehemaliger irakischer Landwirt habe in Ratingen ein „prall gefülltes" Portemonnaie mit 4.000 Euro gefunden und auf der Polizeiwache abgegeben.

Die ausführlich geschilderte und fröhlich bebilderte Geschichte strotzt nur so vor Klischees. Keine Formulierung ist dem Erfinder des Rührstücks zu abgedroschen, kein Superlativ zu übertrieben, als dass sich nicht irgendwo im „Märchen von Ratingen" Verwendung dafür finden ließe. Anders als zu Beginn der Kampagne werden nämlich die Erzählungen von „Finderfreund Flüchtling" inzwischen mit dicker Patina versehen. „So viel Schreckliches", das man auf der Flucht gesehen habe, darf da ebenso wenig fehlen, wie der Bericht über ein Plakat, das die Zuwanderer gemalt hätten, um sich für die monatelange Gastfreundschaft zu bedanken. Natürlich kommt auch der erhobene Zeigefinger zum Einsatz, wenn es heißt: „Und das, obwohl die Stimmung im Stadtteil zum Beispiel auf der Infoveranstaltung der Stadt im Herbst alles andere als gastfreundlich gewesen war."

Und wie immer fuhren die Polizisten anschließend extra raus zum selbstlosen Finder, um dem 36-jährigen Familienvater 20 Euro in die Hand zu drücken. Doch „nicht mal die wollte er annehmen." Man kann es kaum fassen. Entweder halten die Redaktionen ihre Leser für absolut naiv oder für völlig bekloppt. Mit der Mär vom Ratinger Geldfund schlagen sie jedenfalls ein neues Kapitel auf. Es reicht nicht mehr, die in der Vergangenheit auch schon mal in verschiedenen Regionen versehentlich mit demselben Bild illustrierten „Zeitungsenten" als schlichte Dreizeiler feilzubieten, Dem jubelmüden Publikum wird das Flüchtlings-Halleluja jetzt mit dicker Soße serviert.

Die sich der Euphorie inzwischen mehrheitlich verweigernden Schäfchen sollen mit einer Rosamunde-Pilcher-Story hinter der Staatsraison versammelt werden. Und die Masche könnte bei einigen sogar verfangen. Immer noch gibt es in Deutschland Millionen von Menschen, die sich ausschließlich auf die Lektüre ihrer regionalen Tageszeitung verlassen. Sie liefern sich damit auf Gedeih und Verderb den Journalisten ihrer Heimatredaktion aus. Dazu konsumieren sie einmal am Tag die öffentlich-rechtlichen Nachrichten, was die Sache verschlimmert. Zwar nutzen in Deutschland immer mehr Menschen das Internet, doch sind viele nicht imstande, sich einen effektiven Überblick über die Nachrichtenlage zu verschaffen.

Man muss dazu gar nicht auf unabhängige Blogs vertrauen oder den ganzen Tag in Facebook verbringen. Es würde genügen, sich ab und zu bei ausländischen Medien zu informieren, unter denen die Neue Zürcher Zeitung mit einem hervorragenden Internetauftritt den Leuchtturm in der deutschsprachigen Medienwelt bildet. Nur auf diese Weise kann dem links-grünen Meinungskartell begegnet werden, das Europas Einheit zerstört hat. Dramatische Auflagenverluste für deutsche Leitmedien sind zwar erfreulich, schaffen aber noch keine Abhilfe. Erst wenn auch Lieschen Müller dem Propaganda-Journalismus den Rücken kehrt, hat der „findende Flüchtling" ausgedient.

Offene Grenzen um jeden Preis
Die plumpe Propaganda der Konzerne

Kaum etwas wird in der von Kanzlerin Merkel verursachten europäischen Zuwanderungskrise derzeit so heftig diskutiert wie die Wiedereinführung von Grenzkontrollen. Viele Länder haben längst gegengesteuert, um sich vor der deutschen Willkommenspolitik zu schützen. Wegen der ungesicherten Außengrenzen des Schengen-Raums gehören inzwischen Grenzzäune und Personenkontrollen in Europa wieder zum Standard. Nun macht die Konzernlobby mobil. Sie bangt um ihre Pfründe und hat die Bertelsmann-Stiftung vorgeschickt, uns vorzurechnen, dass die Wiedereinführung von Grenzkontrollen Deutschland in den kommenden zehn Jahren bis zu 235 Milliarden Euro kosten könnte.

Die Prognose ist kaum nachvollziehbar und ungefähr so lächerlich, als wolle man heute schon vorhersagen, ob es 2018 „weiße Weihnachten" geben wird. Nachvollziehbar ist hingegen die Motivation der Konzern-Mobilmachung: Natürlich führen Grenzkontrollen zu längeren Transportzeiten und damit zu einer Erhöhung der Kosten. Diese werden sich nur zum Teil an die Verbraucher weitergeben lassen. Das schmälert den Gewinn, den man doch eigentlich für seine Vorstandsmitglieder und Aktionäre reserviert hat. Da malt man lieber vorsorglich schon einmal schwarz. Volkswirtschaftlich wäre die Sicherung der Grenzen hingegen ein Gewinn.

Denn die staatlichen Ausgaben für die Bewältigung der millionenfachen Zuwanderung lassen sich sehr viel zuverlässiger hochrechnen. Sie addieren sich in den kommenden Jahren auf mehrere Hundert Milliarden Euro, die der Steuerzahler zu berappen hat. Das Gejammer der großen Wirtschaftsverbände ist also nichts anderes als der Versuch, drohende Kosten einmal mehr auf die Gesellschaft abzuwälzen. Eine ähnliche Strategie verfolgten die Konzerne bereits beim Euro-Desaster. Mit Erfolg. Die von der EZB auch auf Druck der Banken- und Konzernlobby etablierte „Nullzinspolitik" hat die Kreditaufnahme stark verbilligt. Seit der Finanzkrise haben Europas Unternehmen nach Berechnungen der ING-Diba auf diese Weise mehr als 400 Milliarden Euro gespart.

Kein Wunder, dass seinerzeit europaweit die Konzernchefs mit überdimensionalen Anzeigen für die Euro-„Rettung" um jeden Preis warben. Es war absehbar, dass es zum Erhalt der Gemeinschaftswährung nur den Weg der faktischen Abschaffung von Zinskosten geben würde. Interessanterweise hatte der deutsche Mittelstand schon beim Thema Euro einen anderen Blick auf die Lage und wandte sich gegen eine bedingungslose Stützung, die letztlich der Bürger bezahlen muss. Zwar profitieren auch Mittelständler von geringeren Zinskosten, doch hat die Verschärfung der Vergaberichtlinien ihre Kreditaufnahme erschwert. Der Vorteil fällt für sie also geringer aus, so dass viele mittelständische Unternehmen inzwischen lieber den Kapitalmarkt als die Hausbank anzapfen.

Und auch in der aktuellen Diskussion geht der Mittelstand auf Konfrontationskurs zu den Konzernlobbyisten: „Wir brauchen Grenzkontrollen", erteilt der Präsident des Bundesverbandes mittelständische Wirtschaft, Mario Ohoven, den Forderungen seiner Konzern-Kollegen eine klare Absage. Er verweist auf die um ein Vielfaches höheren Kosten für den Staat durch die vielen Millionen Zuwanderer der kommenden Jahre, die wegen schlechter Ausbildung und fehlender Sprachkenntnisse nur schwer in den Arbeitsmarkt zu integrieren seien. Die Konzerne schielen hingegen lieber auf ihren eigenen Vorteil. Wenn etwa Daimler-Chef Zetsche vom Nutzen der Zuwanderer schwärmt, weiß er natürlich, dass er diese als ungelernte Arbeiter ohne Mindestlohn einsetzen kann. Lassen Sie sich also nicht täuschen. Die Warnung der Konzerne vor einer rigideren Migrationspolitik ist nicht mehr als plumpe Propaganda mit dem Ziel, Profit aus der unkontrollierten Zuwanderung billiger Hilfskräfte zu schlagen.

Meth statt Mett
Lieber Drogen als Schweinefleisch?

Häme ist fehl am Platz. Wenn einer so tief fällt, der anderen sein Leben lang mit dem erhobenen Zeigefinger begegnet ist, braucht er keinen Tritt mehr. Ebenso verbietet sich allerdings auch jede Form von Relativierung. Sich schützend vor Volker Beck zu werfen und den Vorfall kleinzureden, nutzt weder ihm, noch dem Ansehen der Politik insgesamt. Die Fakten sind eindeutig: Einer der prominentesten Vertreter der moralinsauren grünen Besserwisser hat sich spätabends von der Polizei erwischen lassen, als er die Wohnung eines Dealers verließ, bei dem er sich eine der gefährlichsten Drogen besorgt hatte, die die Szene zu bieten hat. Kaum vorstellbar, dass Volker Beck selbst Konsument ist, doch in der schwulen Szene findet sich für Crystal Meth auch so eine Verwendung.

Es ist kein Geheimnis, dass der langjährige Bundestagsabgeordnete gerne Sex mit Männern hat. Und natürlich geht es niemanden etwas an, mit wem er sein Bett teilt. Doch, wer zeit seines Lebens andere belehrt hat, ist angreifbar. Dass er seit jeher die Freigabe von Drogen fordert, nutzt ihm da wenig. Anders, als mancher Kommentator das gerne hätte, schadet Beck nämlich nicht nur sich selbst, sondern auch der Gesellschaft, wenn er das Geschäftsmodell krimineller Dealer mitfinanziert. Von einem Kauf zur eventuellen Weitergabe an Dritte ganz zu schweigen.

Crystal Meth ist nicht irgendeine Partydroge. Es handelt sich dabei um einen Stoff, der Menschen in kürzester Zeit abhängig macht, entstellt und körperlich zerstört. Das Methamphetamin, das schon die Nazis zum Aufputschen ihrer Truppen einsetzten, soll eine aphrodisierende Gefühlsexplosion bewirken, die Sexhungrige in die Lage versetzt, sich „tagelangen Exzessen" hinzugeben, so ein Berliner Suchttherapeut. Kein Wunder, dass die Droge vor allem von jenen eingenommen wird, die gerne Wochenendorgien feiern, bei denen keinerlei Sexualpraktik ausbleibt. Nun also ist einer damit erwischt worden, der vielen schon immer ein Dorn im Auge war. Manchen aus unappetitlichem Hass, vielen anderen aber vor allem wegen seiner penetranten Moralpredigten.

Sie alle eint die Abscheu vor früheren Parteischriften Becks, in denen er befand, man könne das Schutzalter für sexuellen Verkehr guten Gewissens auf unter 14 Jahre senken. Zwar wollte er nichts mehr davon wissen, als er auf dem Höhepunkt des immer noch nicht abschließend aufgearbeiteten grünen Pädophilie-Skandals damit konfrontiert wurde, doch gibt es immer noch genügend grüne Parteikollegen, die der Idee nach wie vor aufgeschlossen gegenüberstehen. Und auch die Jugendorganisation der Grünen fand die Kritik an den frühen Pädophilie-Werken „wahnsinnig lächerlich". Becks „Crystal-Gate" ist offenbar ein parteiübergreifendes Problem. Und doch ist in keinem politischen Lager die Fallhöhe so hoch wie bei den grünen Umerziehern.

Wieder hat sich ein Führungspolitiker einer Partei entzaubert, in der sich viele für die besseren Menschen halten. Kompromisslos diktieren sie uns, wie wir den Müll zu entsorgen haben, was wir essen sollen oder aus welchen Quellen wir den Strom erzeugen dürfen. Unerbittlich wachen sie über unseren Sprachgebrauch, richten über unser Alltagsverhalten und geißeln jeden Verstoß gegen die von ihnen aufgezwungene Ideologie. Die Partei, die sich als Zusammenschluss der moralischen Elite des Landes versteht, muss einen weiteren Tiefschlag verdauen, darf aber hoffen, dass nach Özdemirs Flugmeilenmissbrauch und Cohn-Bendits Nacktmädchen-Liebe auch Becks Drogenaffäre von willfährigen Journalisten rasch und geräuschlos eingemottet wird.

Beck hat sich derweil für vier Wochen krankschreiben lassen. Hoffentlich nutzt er die Auszeit, um nach der Niederlegung seiner Ämter auch zu dem unausweichlichen Schluss zu kommen, dass er sich und seinem Berufsstand keinen Gefallen tut, wenn er an seinem Bundestagsmandat festhält. Nun sind aber erst einmal die Wähler am Zug: Bei den anstehenden Landtagswahlen haben fast 13 Millionen Wahlberechtigte die Chance, der grünen Doppelmoral eine Absage zu erteilen.

Draghis Poker
Die EZB geht „all-in" mit dem Geld der Sparer

Wer sich etwas leiht, muss hierfür in aller Regel einen Obulus entrichten. Ganz gleich, ob man sich ein Buch aus der Bibliothek holt, sich im Schwimmbad mit Badeschlappen aushelfen lässt oder aber bei der freundlichen Nachbarin ein paar Eier besorgt, die man selbstverständlich nicht nur ersetzt. Man zeigt sich mit einer „Leihgebühr" erkenntlich. Diese ist ein Maß für den Wert dessen, was man sich vorübergehend aneignet. Bücher, Badeschlappen und Eier haben einen Wert. Der, dem sie gehören, hat sie irgendwann einmal erworben. Was für jegliche Waren gilt, lässt sich auch für das Zahlungsmittel selbst sagen: Natürlich hat auch die Ware Geld ihren Wert.

Sich Geld zu leihen, zieht also zwangsläufig eine Gebühr nach sich, den Zins. Diese Grundregel gilt allerdings im Jahr 2016 nicht mehr. Die Europäische Zentralbank hat offiziell den Zins und damit den Wert des Geldes abgeschafft. Die Senkung des Leitzinses auf null Prozent, die eher nebenbei verkündet wurde, bedeutet nicht weniger, als dass Geld künftig kostenlos zu haben ist. Natürlich nicht für uns Verbraucher, auch nicht für Unternehmen. Kostenlos gibt es die Euros ab sofort nur für die Banken. Und für Staaten bester Bonität, die sich über Anleihen nun noch weiter verschulden können als ohnehin bisher schon.

Viele hatten gewarnt, als der Ex-Goldman-Banker Mario Draghi den Thron der EZB erklomm. Es war klar, dass er nicht der Zentralbankchef aller Europäer werden würde. Seit seinem Amtsbeginn im Jahr 2011 hat er die europäische Geldpolitik kompromisslos darauf ausgerichtet, sein geliebtes Heimatland Italien nicht bankrottgehen zu lassen. Dies nämlich wäre ohne Draghis massive Eingriffe wohl passiert. Profitiert haben aber nicht nur die Italiener. Vermutlich gäbe es den Euro außer in Italien heute auch in Griechenland, Zypern, Spanien und Portugal gar nicht mehr. Und selbst Frankreich könnte sich womöglich längst wieder am Franc erfreuen. Bezahlt haben dies die übrigen Euro-Staaten.

Konnte sich die deutsche Politik bislang damit herausreden, dass Bund, Länder und Kommunen noch nie in der Lage waren, sich so billig zu verschulden wie derzeit, hat sich mit Draghis neuestem Coup die Situation verschärft. Dass heutige Schulden die Lasten von morgen sind, ist eine Binsenweisheit. Irgendjemand muss irgendwann das geliehene Geld zurückzahlen, dass es zudem nicht ewig zum Nullzins geben wird. So treibt der Staat ein übles Spiel auf Kosten künftiger Generationen, indem er seinen Wählern damit Sand in die Augen streut, es fielen ja keine Zinskosten an. Und mit der Staatsverschuldung ist es beileibe nicht getan. Die Verlierer der italienischen Rettungsmission sind die deutschen Sparer. Schon lange gibt es praktisch keine Guthabenzinsen mehr und immer mehr Versicherungen ächzen unter der Nullzinspolitik.

Diesen hat der Gesetzgeber nach Exzessen der Vergangenheit enge Fesseln angelegt, die nun dazu führen, dass es nicht mehr möglich ist, die notwendigen Erträge für die zugesagten Leistungen zu erwirtschaften. Für Millionen Versicherte wird es daher ein böses Erwachen geben. Private Krankenversicherungen werden sich sprunghaft verteuern und mancher Lebensversicherer wird gar in die Knie gehen. Auch die Rentenkasse wird nicht ungeschoren davonkommen. Mario Draghi kümmert das nicht. Er und seine Helfer in den Machttürmen der Politik wollen ans Geld der Bürger. Mit allen Mitteln. Die Einschränkung und letztliche Abschaffung des Bargeldverkehrs ist dabei nur ein weiterer Schritt.

Natürlich liest sich die offizielle Version der EZB-Maßnahmen anders: Banken sollen gezwungen werden, die von ihnen gehorteten Milliarden endlich massiv als Kredite zu verleihen. So schlüssig sich dies anhören mag, weiß auch Draghi um die Aussichtslosigkeit des Unterfangens – ganz gleich wie hoch der Strafzins ausfällt, den er Banken für Guthaben auferlegt. Denn die Bankenaufsicht selbst hat – durchaus mit Grund – die Regeln der Kreditvergabe enorm verschärft. Es gibt nur einen Ausweg aus dem Teufelskreis: Die politische Einsicht, dass das Euro-Experiment gescheitert ist.

Pietätlose Politaktivisten
Das öffentlich-rechtliche Nachtreten

Am Freitag entschied das Bundesverwaltungsgericht, die Haushaltsabgabe für den öffentlich-rechtlichen Rundfunk sei rechtens. Das Urteil kam wenig überraschend, wird es doch kein Gericht in Deutschland wagen, dem Staatsfunk die Nahrungsgrundlage zu entziehen. Just am selben Tag lieferten zwei öffentlich-rechtliche Sender den Klägern aber einmal mehr gute Argumente für die Abschaffung der Zwangsfinanzierung des medialen Staatsapparates.

Zum Tod des ehemaligen Bundesaußenministers Guido Westerwelle gab es im ZDF am Abend eine Sondersendung, in der die Produzenten vor allem Genugtuung zu empfinden schienen. Es kamen viele Gegner Westerwelles zu Wort, auch parteiinterne. Fürsprecher, wie Australiens Außenminister, wurden der Lächerlichkeit preisgegeben. Während die Reportage die Rückschläge in der politischen Karriere Guido Westerwelles in den Mittelpunkt stellte, wurden seine Arbeit als Außenminister und seine Verdienste für die Partei kleingeredet. Fast schien es, das ZDF wolle angesichts des Comebacks der FDP noch einmal unterstreichen, dass der Kampf gegen die Neoliberalen mit Westerwelles Tod nicht zu Ende sein könne. War der wenig schmeichelhafte Nachruf des ZDF schon völlig unangemessen, so hatte selbst den neutralen Zuhörer am Nachmittag ob der Pietätlosigkeit des NDR das blanke Entsetzen gepackt.

In seinen Radionachrichten sendete NDR2 einen Beitrag der ARD-Hauptstadtkorrespondentin Katja Strippel, in dem die studierte Theaterwissenschaftlerin und Germanistin sich über den Tod des „Sozialdarwinisten, Spaß-Politikers und Besserwissers" Guido Westerwelle ausließ. Strippels teilweise jovial vorgetragene Herabwürdigung eines Verstorbenen ist an Niederträchtigkeit kaum zu überbieten. Stellen die öffentlich-rechtlichen Sender ohnehin schon Millionen von Zuschauern und Zuhörern täglich auf eine harte Probe, so lässt sich das immer neue Überschreiten sämtlicher Grenzen mit dem ideologischen Kampf für das eigene sozialistische Weltbild längst nicht mehr rechtfertigen.

Dabei ist man wirklich einiges gewohnt, sei es die unverhohlene Diffamierung politischer Ansichten, die nicht im links-grünen Milieu beheimatet sind, den jederzeit erhobenen Zeigefinger oder die vielen Talk- und Comedy-Formate, in denen linke Positionen in einer Weise zelebriert werden, die an das DDR-Staatsfernsehen erinnert. All das könnte im Alltag unter Agitation und Propaganda verbucht und kopfschüttelnd zur Kenntnis genommen werden – wäre da nicht der Rundfunkbeitrag, mit dem wir die Politaktivisten bezahlen müssen. Doch Strippels geschmacklose Entgleisung überschattet alles. Und es ist keineswegs das erste Mal, dass sich beim linken Lager die klammheimliche Freude über das persönliche Leid eines verhassten politischen Gegners Bahn bricht.

Respektvoll kommentierten immerhin die Spitzen aller politischen Parteien den Tod eines Mannes, der zu Lebzeiten wohl so ungerecht behandelt worden ist, wie kein zweiter Politiker in der deutschen Nachkriegsgeschichte. Nicht nur außerhalb der FDP wurde Westerwelle nie der Respekt zuteil, den er bei allen Schwächen verdiente. Er führte die Partei zu ihrem größten Höhenflug und gab den Menschen in Deutschland für einen Moment die freilich unerfüllbare Hoffnung, sie könnten mehr sein als nur Stimmvieh und Geldmaschine für einen außer Kontrolle geratenen Parteienstaat, der als selbstreferentielles Perpetuum Mobile nur darum kreist, wie er seine Macht absichern und das Wahlvolk auf Distanz halten kann.

Guido Westerwelle war ein glaubwürdiger Kämpfer gegen sozialistische Umverteilungsphantasien, und wir sehen nicht erst heute, wie sehr diese Stimme in Europa und in Deutschland fehlt. Wer sein Wirken und sein Vermächtnis aus ideologischen Gründen in den Schmutz zieht, ist nicht nur für den Beruf des Journalisten ungeeignet, sondern lässt es vor allem an Charakter fehlen. Guido Westerwelle hätte wenigstens nach seinem Tod mehr verdient als die Häme linker Aktivisten, die es wegen ihrer bei den Sendern populären Ideologien in den Journalismus gespült hat, ohne dass sie dem Anspruch des Berufs gerecht werden. Ein besonderer Mensch und liberaler Vordenker ist tot. Ich werde ihn schmerzlich vermissen.

Syrische Retter
Der ideologische Unfall der Frankfurter Rundschau

In Deutschland hat ein links-grünes Meinungskartell die Deutungshoheit erobert. Es kann sich alles erlauben, weil es vorgibt, im Auftrag des Guten zu handeln. Millionen von Menschen fallen bereitwillig darauf herein, weil sie sich um ihres Seelenfriedens willen lieber täuschen lassen, als unangenehmen Wahrheiten ins Auge zu sehen. Nicht einmal die derbste linke Propaganda löst Empörung aus. Denn als „rechts" will niemand gelten. So groß ist die Sorge der Getäuschten vor Ächtung, dass sie zwar in Umfragen mehrheitlich bekennen, kein Vertrauen mehr in Politik und Medien zu haben, sich aber lieber zurückziehen, als sich gegen die Täuschung zu wehren.

Öffentlich geäußert wird nur noch, was der Mainstream gestattet. Seine Gesprächspartner für den offenen Dialog sucht man sich hingegen gewissenhaft aus. Die scheinbar erdrückende Übermacht der inszenierten Scheinwelt einer links-grünen Gesellschaft macht ehrbare Bürger zu Mitläufern. Mit Eifer werden linke Parolen beklatscht und Wortmeldungen ausgebuht, die vom Meinungskartell zum rechten Populismus erklärt worden sind. Mit der Hetze gegen alles, was nicht „links" ist, lassen sich Punkte machen und Lacher ernten. Andersdenkende werden als Demokratie-, Europa- oder Menschenfeinde tituliert, ins Halbdunkel des Internets verbannt oder gleich ganz der Zensur unterworfen.

Eine objektive Berichterstattung findet in diesem Umfeld ebenso wenig statt wie ein offener Diskurs. Dabei scheint es den medialen Anführern des links-grünen Kartells vor allem darum zu gehen, Menschen zu manipulieren. Das war bei der sogenannten Energiewende nicht anders als beim Euro-Debakel und setzte sich fort bei der Zuwanderungskrise. Stets sahen sich Leser und Zuschauer einer journalistischen Einheitsfront gegenüber, die das politische Mantra von der Alternativlosigkeit sekundierte. Natürlich weisen die Medienvertreter den Befund entrüstet zurück. Dennoch finden sich regelmäßig Beispiele, die eher den Manipulationsvorwurf der Nachrichtenkonsumenten als den Selbstverteidigungsreflex der Nachrichtenschreiber zu bestätigen scheinen.

Mitte März berichtete die Frankfurter Rundschau über einen Autounfall, bei dem ein NPD-Politiker verletzt wurde und zufällig eintreffende syrische Flüchtlinge sich als Ersthelfer verdient gemacht hätten. „Syrer retten NPD-Politiker", titelte die Rundschau reißerisch. Seit in schöner Regelmäßigkeit Asylbewerber in Deutschland angeblich größere Geldbeträge finden und artig abgeben, wecken Geschichten wie diese meine Neugier. Die Recherche dauerte nur einen Vormittag und hätte von jedem Journalisten mit Leichtigkeit geleistet werden können. Ich war überrascht von der Bereitwilligkeit, mit der die von mir kontaktierten Vertreter der beteiligten Einsatzkräfte sowie die Mitarbeiter der Behörden Auskunft gaben. Und so ist es offenbar abgelaufen:

Zum Zeitpunkt des Unfallgeschehens am Morgen des 16. März 2016 befuhren auch zwei Busse mit Asylbewerbern der Erstaufnahmeeinrichtung in Büdingen die Bundesstraße 521. Einer der Busfahrer stieg aus, um am verunglückten Fahrzeug zu sehen, was getan werden könne. Er rief seinen Kollegen zu sich, um ihm zu helfen, den verunglückten Fahrer loszuschnallen und aus dem Auto zu befreien. Später stiegen auch einige Asylbewerber aus den Bussen und traten hinzu.

Die Rundschau beruft sich in ihrer Darstellung von den syrischen Rettern auf einen Feuerwehrmann, der jedoch – wie er mir mitteilte – lediglich gehört hatte, wie ein Dolmetscher auf Befragen durch einen Sanitäter angab, der Fahrer sei losgeschnallt worden. Daraus konstruierten die Frankfurter ihre Heldengeschichte. Natürlich weiß, woran er ideologisch ist, wer sich auf die Rundschau einlässt. Dass aber die gesamte restliche Presse die Meldung ungeprüft übernahm, zeigt das ganze Dilemma des Meinungskartells. Dessen Vertreter betreiben vor allem dort einen Rechercheaufwand, wo es ihrem Weltbild nutzt. So wird eine künstliche Realität geschaffen, in der nur noch stattfindet, was die eigene Ideologie bestätigt. Den Betroffenen tut man jedoch keinen Gefallen, wenn man Ereignissen aus ideologischen Gründen einen Nachrichtenwert gibt, den sie nicht haben. Das gilt auch für Erste Hilfe – egal, wer wen „rettet".

Schmähung statt Satire
Böhmermann als Erdoğans Helfer in der Not

Was ist nur aus der deutschen Satire geworden? Ja, es gibt sie noch, die raren geistreichen Momente, wenn etwa Dieter Nuhr, Urban Priol oder Georg Schramm die Bühne betreten. Doch Deutschlands politisches Kabarett hat kaum noch Vielfalt zu bieten. Linkspopulistische Schenkelklopfer bestimmen inzwischen weitgehend das Programm einer Szene, die mit plumper Haudrauf-Comedy ein Publikum anspricht, dem der Sinn für alles Feingeistige abhanden gekommen zu sein scheint. Man setzt auf deftige Parolen, statt subtiler Wortspiele und auf lautes Getöse, statt leiser Zwischentöne. Derb wird diffamiert und auch gerne mal zur Beleidigung gegriffen. Säbel statt Florett, lautet das Motto der Stunde, damit auch der Dümmste die krachende Pointe versteht.

Und gerade die jüngere Satire-Generation scheint dabei das Rechts-Bashing als Geschäftsmodell für sich entdeckt zu haben. In einer Zeit, in der es zum guten Ton gehört, politisch möglichst weit links zu stehen, sind damit zwar Lacher garantiert, doch leider keine kabarettistischen Höhenflüge. Lange vorbei sind die seligen Zeiten eines Dieter Hildebrandt, der zwar ebenfalls einen ausgeprägten Linksdrall hatte, aber mit hinterlistig vorgetragenen Texten brillierte, in denen er sich scheinbar unbedarft verhaspelte, um dann mit einer geschickten Wortverdrehung einen überraschenden Coup zu landen.

Keiner der Nachfolger erreicht das Format des wohl einflussreichsten Kabarettisten der deutschen Nachkriegsgeschichte. Besonders deutlich wird dies bei den Zugpferden des ZDF, Grimme-Preis hin oder her. Die „Heute-Show" hat nach starkem Debüt inzwischen nur noch Stammtischniveau und auch die „Anstalt" gefällt sich seit Priols Abgang vor allem in erzlinker Propaganda. Zu den jungen Wilden gehört Jan Böhmermann, der sich im Spartenkanal des ZDF versuchen darf. Der 35-Jährige ist kein Freund des feinen Humors. Er provoziert und pöbelt so gut er kann. Böhmermann steht sinnbildlich für eine Generation, die zu glauben scheint, Satire müsse mit dem Stilmittel des Skandals betrieben werden, um im multimedialen Dauergeschrei Aufmerksamkeit zu erzielen. Er hat seine Momente und sorgt mitunter für Aha-Effekte. Doch es fehlt ihm an Klasse.

Und so steht sich Böhmermann irgendwie selbst im Weg. Interessante Ideen treibt er derart auf die Spitze, dass sie am Ende von der Kontroverse überlagert werden. Wie auch jetzt wieder. Die Kollegen des NDR hatten ein Spottlied auf den türkischen Staatspräsidenten verfasst, das dessen undemokratisches Gebaren aufs Korn nimmt. Sie hatten das Kunststück vollbracht, den Kalifen vom Bosporus herauszufordern und in Bedrängnis zu bringen. Aber dann geht Böhmermann wieder einmal den einen Schritt zu weit und macht alles kaputt. Ermutigt vom Erfolg der Kollegen, meint er noch eins draufsetzen zu müssen.

Doch sein Erdoğan-Schmähgedicht, in das er alles reinpackt, was sich in einer Minute an Beleidigungen aussprechen lässt, überlebt nur wenige Stunden, bevor das ZDF es aus der Mediathek entfernt. Man mag den Mainzern vieles vorwerfen, doch hier lagen sie richtig. Mit seinem tumben Tiefschlag hat Böhmermann in der wichtigen Debatte darüber, was Satire darf, allen einen Bärendienst erwiesen, die von der islamischen Welt ein klares Bekenntnis zu Toleranz und Meinungsfreiheit fordern. Gerade war Erdoğan in die Defensive geraten, weil er sich nur mit großkalibrigem diplomatischen Geschütz gegen ein albernes Liedchen zu wehren wusste, gerade war die deutsche Politik aus der Reserve gelockt worden, die sich so gerne auf schmutzige Deals mit dem ausgewiesenen Antidemokraten einlässt, da lockert Böhmermann den sicheren Haltegriff der Kollegen und lässt sich von Erdoğan auf die Matte werfen.

Man muss offenkundig schon zur Feuilleton-Abteilung der Spiegel-Redaktion gehören, um aus Böhmermanns billig-obszönen Schmähruf eine tiefere Botschaft herauszulesen und einen deutschen Satire-Erfolg zu feiern. Aber vielleicht liegen wir ja auch alle falsch. Vielleicht sieht sich Böhmermann gar nicht als Kabarettist, sondern bloß als Störenfried, der einfach nur anecken will und dem egal ist, was er anrichtet. Die große Chance, einen der Feinde der Meinungsfreiheit entscheidend in die Enge zu treiben, hat er jedenfalls leichtfertig zunichte gemacht.

Nach dem Referendum
Die Angst der Mächtigen vor dem Volk

Es war schon ein kleines Erdbeben, dass sich da bei unseren Nachbarn ereignete. Fast zwei Drittel der holländischen Wähler sprachen sich in einer Volksabstimmung gegen das EU-Assoziierungsabkommen mit der Ukraine aus. Dass die Niederlande aktuell den Vorsitz im Rat der Europäischen Union innehaben, gibt dem Votum besonderes Gewicht. Zwar nahmen nur rund ein Drittel der Wahlberechtigten an der Abstimmung teil, doch liegen auch bei uns die Zahlen für manche Wahl auf kommunaler Ebene kaum höher. Das „heute-journal" hielt dies auch am Tag danach nicht davon ab, darauf zu verweisen, dass de facto ja lediglich 20% der Holländer mit Nein gestimmt hätten.

Derlei öffentlich-rechtliche Rechenexempel wünscht man sich auch einmal zu Bundestagswahlen, wenn bei einer Beteiligung von um die 70% nur etwas mehr als die Hälfte der abgegebenen Stimmen auf die spätere Bundesregierung entfallen. Natürlich interessierten sich die meisten Holländer nicht für das Abkommen mit der Ukraine. Schon das sperrige Wortungetüm wirkt abschreckend, ganz zu schweigen von der Tatsache, dass sich der Inhalt der Vereinbarung nur Eingeweihten erschließt. Es dürfte wohl kaum einen Wähler geben, der sich mit dem Text des mehr als 300 Seiten starken Dokuments beschäftigt hat.

Dies aber – wie die eilig um Schadensbegrenzung bemühten Kommentatoren – als Hauptargument für die Fragwürdigkeit von Volksabstimmungen ins Feld zu führen, ist billige Propaganda-Rhetorik, die deutlich macht, dass die Mächtigen pure Panik ergriffen hat. Und so schickte Kommissionspräsident Juncker sogleich seinen langjährigen Weggefährten Asselborn an die Front, um vor dem unberechenbaren, uninformierten Wähler zu warnen. Referenden dürfe es zu EU-Fragen nicht mehr geben, so die Forderung. Mit ihrer Entscheidung über ein Vertragswerk, das sie nicht kennen, befinden sich Hollands Wähler allerdings in bester Gesellschaft mit dem größten Teil der Parlamentarier in Europa.

Diese hatten in den zurückliegenden Jahren immer wieder Rettungspaketen zugestimmt, ohne die dazugehörigen Vertragspamphlete auch nur im Ansatz durchdrungen zu haben. Wer käme auf die Idee, deshalb den Sinn von Bundestagsabstimmungen in Frage zu stellen? Nun ist Holland in Not. Vor allem aber der Chef der Brüsseler Riesenkrake. Traurig sei er, ließ Junckers Büro über dessen Gemütszustand verlauten, in der Hoffnung, mit der Emotionalisierung einer Sachentscheidung die Bürger auf seine Seite zu ziehen. Politik als scheinbar gefühlsechtes Erlebnis, bei dem nicht mehr die Konsequenzen zählen, sondern der Grad des Wohlbefindens auf dem Weg dorthin. Ganz nach der Masche der Kanzlerin. Doch Europas Bürger haben die Nase voll. In Holland durften sie es offiziell mitteilen.

Zu verantworten hat die zunehmende Ablehnung eine politische „Elite", die aus Großmannssucht und egoistischen Motiven ein Monster geschaffen hat, das ihr zwar Posten und Machtfülle sichert, aber die europäische Idee mit Füßen tritt. Die Kaste der Realitätsleugner in Brüssel, Paris und Berlin, die nur noch um sich selbst kreist, hat in den zweieinhalb Jahrzehnten seit den Schengener Verträgen fast alles falsch gemacht. Schon die Einführung der Gemeinschaftswährung war ein historischer Fehler. Die aggressive EU-Erweiterung und die massive Entwertung nationalstaatlicher Souveränität haben darüber hinaus nicht nur europäische Partner zu Gegnern werden lassen, sondern manche Krise der letzten Jahre erst herbeigeführt.

Gebannt schauen nun alle auf Großbritannien und das dortige Votum zum EU-Austritt. Aber vielleicht wissen es die Marietta Slomkas dieser Welt anschließend auch wieder besser und rechnen uns vor, wie bedeutungslos die Entscheidung eines so verschwindend kleinen Teils der Wähler doch sei. Dafür müssten sie allerdings dann schon die übrigen 52 zwar nicht wahlberechtigten, aber mit dem Königreich verbundenen Staaten des Commonwealth hinzurechnen. Zuzutrauen ist es den politischen Hofberichterstattern einer entfremdeten Politik allemal.

Kanzlerinnendämmerung
Gefangen im Spinnennetz der eigenen Strategie

Es will ihr einfach nichts mehr gelingen. Zwar hielt sich Bundeskanzlerin Merkel in der „Causa Böhmermann" letztlich an Recht und Gesetz, doch steht sie – wie so oft in den zurückliegenden Wochen – einmal mehr als Verliererin da. Zu schwer wiegt ihre reflexartige Anbiederung an den türkischen Staatspräsidenten Erdoğan, mit der sie sich zu Beginn der Affäre ohne Not in die Defensive brachte. Natürlich war Böhmermanns Gedicht ein unappetitliches Stück Scheinsatire. Doch erst die Bundeskanzlerin hat den Vorgang zur Staatsaffäre gemacht, indem sie die Justizbehörden auf den Plan gerufen hat.

Der ominöse § 103 des deutschen Strafgesetzbuches sieht in der Tat vor, dass Beleidigungen von ausländischen Staatsoberhäuptern zu ahnden sind. § 104a gibt darüber hinaus der Bundesregierung das Recht, die Justiz zur Strafverfolgung zu ermächtigen. Ob all dies sinnvoll und zeitgemäß ist, sei dahingestellt, doch es ist geltendes Recht. Die Bundesregierung hat jedenfalls angekündigt, den in der Kritik stehenden „Majestätsbeleidigungsparagrafen" innerhalb der nächsten zwei Jahre abschaffen zu wollen. Für Böhmermann könnte dies in einem dann noch laufenden Verfahren bedeuten, dass er mit Blick auf den schwerwiegenderen Tatvorwurf straffrei ausgeht. Erdoğans Strafantrag muss er dennoch fürchten, wenngleich mit wohl geringeren Konsequenzen.

Man stellt sich unweigerlich die Frage, ob Kanzlerin Merkel und ihre Kollegen auch dann so beharrlich interveniert hätten, wäre der Adressat der Schmähungen nicht der bei Laune zu haltende Sultan vom Bosporus gewesen, sondern etwa Nordkoreas Herrscher Kim Jong-un. Mit Leichtigkeit hätte sich auch auf diesen ein Schmähgedicht texten lassen. Doch Recep Tayyip Erdoğan ist eben nicht Kim Jong-un und die Türkei ist nicht Nordkorea. In Fernost hat Merkel keine Migrantenströme aufzuhalten, dort muss sie keinen zweifelhaften Pakt mit einem undemokratischen Despoten schließen, um ihre von Grund auf missratene Zuwanderungspolitik zu korrigieren.

Durch den von Deutschland maßgeblich betriebenen Deal hat sich die Europäische Union Erdoğan auf Gedeih und Verderb ausgeliefert. Und dieser kostet seinen Triumph genüsslich aus. Zwar ist längst klar, dass die Vereinbarung das Papier nicht wert ist, auf dem sie geschrieben wurde, doch gibt es nach einer Kette von Fehlern und Fehlentscheidungen keinen „Plan B" mehr. Es ist bittere Ironie, dass ausgerechnet Erdoğan derjenige ist, der nun beheben soll, was die deutsche Kanzlerin Europas Bürgern eingebrockt hat. Er muss die Schotten dicht machen und kassiert dafür viel Geld. Gestärkt durch einen Dumme-Jungen-Streich ist er nun zum mächtigsten Mann des Kontinents aufgestiegen. Es drängt sich nicht nur bei Böhmermanns Sender ZDF der Verdacht auf, dass die Freigabe der Strafverfolgung, so legitim sie sein mag, vor allem politisch motiviert ist.

Als zusätzliches Ärgernis muss der Gebührenzahler dafür herhalten, dass das ZDF „durch alle Instanzen" zu gehen bereit ist, um seinen Angestellten zu verteidigen. Doch nicht nur ihre Mainzer Hofberichterstatter hat Merkel vor den Kopf gestoßen, die ihr doch vor Jahren einen Regierungssprecher geschenkt und ihre Politik seither so liebevoll schöngeredet hatten. Schwerer noch wiegt die Tatsache, dass ihr nun auch die Springer-Presse offenkundig die Unterstützung entzieht. Da wird der mit Bedacht im Kuratorium der Friede-Springer-Stiftung platzierte Gatte nicht viel ausrichten können.

Zäh klammert sich Merkel an die Macht, doch ihre Tage scheinen gezählt. Inzwischen macht sie nicht mehr nur konsequent Politik gegen den Willen der Wähler, von denen sich – ähnlich wie bei Merkels Asylpolitik – zwei Drittel gegen die getroffene Entscheidung zur Ermächtigung der Strafverfolgungsbehörden aussprechen, sondern auch gegen die Medien. Er mag sich hinziehen, doch der letzte Akt des Merkel-Dramas hat begonnen. Es bedurfte eines mittelmäßig begabten Clowns, um das politische Ende der ausgebufften Taktiererin einzuläuten – das Leben ist eben manchmal komischer als jede Satire.

Alarm im Flüchtlingsheim
Das Kotelett-Attentat von Barsinghausen

Man wundert sich inzwischen über gar nichts mehr. Noch vor kurzem war undenkbar, was sich im niedersächsischen Barsinghausen abspielte. Wer hätte sich schon an ein paar herumliegenden Koteletts gestört? Diese fanden Mitarbeiter einer Baufirma nämlich Mitte der Woche auf der Fensterbank einer Flüchtlingsunterkunft. Unbekannte hatten sie an dem unbewohnten Gebäude abgelegt, das nach einem Brandanschlag im Januar derzeit saniert wird. Statt das Fleisch einfach zu entsorgen, wurde die Polizei alarmiert, die den Staatsschutz einschaltete, weil man die Aktion als möglichen rassistischen Angriff auf die in Kürze dort einziehenden Muslime wertete.

So groß ist die von Medien und Politik verbreitete Hysterie um den Islam, dass sie inzwischen die irrwitzigsten Blüten treibt. Da soll künftig freizügige Werbung verboten werden, die man zwar all die Jahre selbstverständlich Kindern und Jugendlichen zugemutet hatte, sich urplötzlich aber mit Blick auf die Gefühle der Muslime nicht mehr zu zeigen traut. Da werden Faltblätter mit sexueller Aufklärung verteilt, die sich in der Nähe des Straftatbestands der Verbreitung pornografischer Inhalte bewegen, um Männern aus fernen Kulturkreisen Benehmen beizubringen. Wie rassistisch jedoch die dahinter stehende Geisteshaltung ist, scheint den Wohlmeinenden in den öffentlichen Verwaltungen völlig zu entgehen.

Man gewinnt dabei den Eindruck, es werde alles getan, um das öffentliche Leben auf die Bedürfnisse einer kleinen Gruppe neuer Mitbürger zuzuschneiden, bei denen nicht etwa die Nationalität, der Bildungsstand oder soziodemografische Faktoren die größte Integrationshürde darstellen, sondern die Religionszugehörigkeit. Die tiefe öffentliche Verneigung vor dem zugewanderten Islam hat inzwischen ein Klima geschaffen, in dem jeder genau beäugt, was der andere tut, um sicherzustellen, dass kein Muslim verärgert wird. Da reicht dann schon ein Stück Schweinefleisch zur falschen Zeit am falschen Platz, um den Staatsschutz zu alarmieren. Was wie Satire klingt, ist das beklemmende Resultat einer Überhöhung des Religionsschutzes, die nichts mehr mit gelebter Religionsfreiheit zu tun hat.

Dabei sei die Frage erlaubt, ob das politische und mediale Anbiedern nicht erst den wirklichen Rassismus bedeutet, findet es seine Motivation neben dem vielbeschworenen Integrationsgedanken doch mindestens ebenso in der generellen Furcht, provozierte und ausgegrenzte Muslime könnten den öffentlichen Frieden gefährden. So schafft die Scheu vor dem unmissverständlichen Einfordern der Assimilation erst den Generalverdacht. Die Ermittlungen der Behörden werden ins Leere laufen, da es sich beim Schweinefleisch-Skandal von Barsinghausen weder um eine Ordnungswidrigkeit, noch um eine Straftat handelt. Geschädigte gibt es ohnehin nicht, sieht man einmal von den Gefühlen einiger penetranter Weltverbesserer ab.

Einen wichtigen Impuls kann das Kotelett-Attentat aber dennoch liefern. Wir müssen in der gesellschaftlichen Debatte dringend wieder zur Normalität zurückfinden. Zu leicht machen es die selbsternannten „Erziehungsberechtigten" durch falsch verstandene Rücksichtnahme Integrationsunwilligen, sich ihrer Verantwortung zu entziehen. Wer sich durch unsere Art zu leben provoziert fühlt, dem muss eine Mehrheitsgesellschaft klar sagen, dass er sich für ein Land entschieden hat, in dem Menschen Kopftücher zum Schutz vor schlechtem Wetter tragen, in dem selbstverständlich alles gegessen wird, was der Artenschutz nicht verbietet, und in dem niemand das Recht hat, andere mit seinen religiösen Überzeugungen zu nötigen.

Der Teil der Zuwanderer, der dies nicht akzeptieren will, muss nicht hofiert, sondern vor die Wahl gestellt werden, sein Leben woanders zu führen. Ebenso deutlich sollte man sich an die Vertreter aus Politik, Medien und Verbänden wenden, die sich anmaßen, für den Islam zu sprechen und einem nicht-islamischen Land dessen Traditionen aufzuzwingen.

Berliner Kurzschluss
Eine Million Gründe gegen die Elektroprämie

Planwirtschaft ist ein untrügliches Anzeichen dafür, dass eine Regierung keinen Plan hat. Wo die Realität sich der eigenen Ideologie partout nicht beugen will, muss Zwang her. Oder viel Geld. Und so verschenkt die Bundesregierung ohne Not – und ohne Sinn – mal eben 900 Millionen Euro, um einerseits den Erwerb von Elektro- und Hybridfahrzeugen anzukurbeln und andererseits das dünne Netz der Ladestationen minimal auszubauen. Dazu kommen die ebenfalls vom Steuerzahler zu tragenden Kosten für die Umstellung eines Fünftels der bundeseigenen Fahrzeugflotte. Dass die Subventionierung von Elektroautos rausgeschmissenes Geld ist, zeigt ein Blick ins Ausland.

In Großbritannien und Frankreich, wo man Käufern noch großzügiger unter die Arme greift, konnten die Verkaufszahlen nicht nennenswert gesteigert werden. Die Menschen wollen eben keine Elektrofahrzeuge – zumindest, solange die Anschaffungskosten nicht deutlich fallen, das Netz der Ladestationen nicht ebenso dicht ist wie das der Tankstellen und die Reichweite den Mindestansprüchen an die eigene Mobilität nicht genügt. Überhaupt muss man sich fragen, was das Ganze soll. Denn die Umweltbilanz der E-Autos ist noch schlechter als die konventionell betriebener Fahrzeuge. Der Klimaschutz kann jedenfalls nicht als Rechtfertigung für das Ziel herhalten, bis 2020 eine Million „Stromer" auf die Straße zu bringen.

Was nämlich beim inszenierten Hype um die Elektromobilität gerne ausgeblendet wird, ist die Tatsache, dass in Deutschland der zum Betrieb benötigte Strom nach dem irrationalen Atomausstieg überwiegend aus Braunkohlekraftwerken stammt. Daran wird sich auch so schnell nichts ändern, weil Wind- und Sonnenenergie auf Jahrzehnte hinaus nicht annähernd im erforderlichen Umfang erzeugt und vor allem nicht hinreichend gespeichert werden können. Auch der zur Sicherung des Energiebedarfs für viel Geld importierte Atomstrom kann die miserable Umweltbilanz nicht retten. Betrachtet man die gesamte Kette von der Stromerzeugung bis zur Fahrzeugnutzung, liegen Elektroautos deutlich über den EU-weit verordneten Grenzwerten für den Kohlendioxidausstoß.

Dass dieser dann nicht mehr am Auspuff, sondern am Kraftwerk stattfindet, zeigt, wie unseriös die Verfechter der Elektromobilität argumentieren. Kein Wunder, dass niemand etwas Gutes an der Gesetzesinitiative der Bundesregierung finden kann – abgesehen vom Verband der Automobilhersteller, der sich darüber freut, dass wieder einmal der Steuerzahler für die Umsetzung eines neuen Geschäftsmodells herhalten muss. Zwar verpflichten sich die Konzerne, ebenfalls 600 Millionen Euro beizusteuern, doch fließt der weit größere Teil aus Steuermitteln. Alle anderen Verbände sparen daher auch nicht mit Kritik, sprechen von einer „Verschwendung von Steuergeld" und einem „Desaster für den Klimaschutz". Die Kanzlerin lässt dies einmal mehr kalt.

Sie schert sich offenbar so wenig ums Klima wie um die Interessen der Steuerzahler. Ihre Elektro-Kampagne dient – wie alles, was sie derzeit treibt – nur einem Ziel: Den Boden zu bereiten für die schwarz-grüne Herrschaft ab 2017. Dass sie sich dabei verrechnen könnte, zeigt die einhellige Empörung der Umweltverbände und selbst der Fahrradlobby. A propos Fahrrad: Ginge es der Bundesregierung nicht um eine milliardenschwere Stützung der Automobilindustrie, sondern tatsächlich um die Natur, wäre dann nicht eine Fahrradprämie in Betracht zu ziehen? Wie wäre es, jedem Käufer eines Drahtesels einen Zuschuss zu zahlen?

Mit dieser ebenso einfachen wie kostengünstigen Maßnahme wäre nicht nur der Umwelt geholfen. Eine Million zusätzlicher Radfahrer bis zum Jahr 2020 würden den durchschnittlichen Gesundheitszustand der Bevölkerung ebenso verbessern wie die volkswirtschaftliche Gesamtbilanz, die durch Unmengen von in Verkehrsstaus verlorenen Arbeitsstunden belastet ist. Es müsste sich dann auch niemand mehr Gedanken darüber machen, woher denn der zusätzliche Strom für eine Million Elektromobile eigentlich kommen soll...

Reisegedanken
Nur Mut – seien wir mehr Dubai!

Eine meiner Reisen hat mich nach Dubai geführt. Es ist immer wieder inspirierend, die Welt zu erkunden, weil es den Blick öffnet für die Art wie sich Gesellschaften organisieren. Ich mische mich dabei auch gerne unter die Einheimischen, um mehr zu erfahren. Und in Ländern, die noch nicht von der Seuche der Political Correctness heimgesucht worden sind, lässt sich gut beobachten, wie man sicherstellt, dass ein Staat funktionstüchtig bleibt. Nun sind die Vereinigten Arabischen Emirate natürlich gesegnet mit Reichtum – doch es ist keinesfalls eine Frage des Geldes, ob eine Gesellschaft intakt ist oder nicht.

Mehr als 80% der Menschen in den Emiraten sind Ausländer. Sie kommen zum Arbeiten her, aus Pakistan, Afghanistan und vielen Ländern Südostasiens. Man kann trefflich darüber diskutieren, wie wir verwöhnten Mitteleuropäer Arbeitsstandards, Kündigungsschutz und Bezahlung beurteilen. Darum soll es hier aber nicht gehen, und es sei nur gesagt, dass die Menschen in den Emiraten weitaus besser leben können als in ihrer Heimat, die sie allesamt verließen, um woanders eine Arbeit zu finden. Kein einziger dieser Zuwanderer kommt her mit der Vorstellung, die Emirate könnten ohne Gegenleistung etwas für ihn tun. Teilweise stammen sie aus Staaten, die gesellschaftlich instabil sind, doch die Idee, sich auf das Asylrecht zu berufen kommt ihnen nicht in den Sinn.

Ganz anders in Mitteleuropa. Aber woran liegt das? Eine Antwort dürfte sein, dass die westlichen Asylstandards, bei denen Deutschland einsam an der Spitze der Wohlgefälligkeit liegt, einfach zu verlockend sind. Wo inzwischen nicht einmal mehr ein Identitätsnachweis zwingend ist, wo Zuwanderer staatliche Leistungen vom ersten Tag an erhalten, wo selbst Illegale kaum einmal abgeschoben werden, da möchte man gerne leben. Die Emirate regeln dies anders – wie übrigens auch eine Reihe von Staaten der westlichen Hemisphäre. Nur wer den Nachweis einer Beschäftig vorlegen kann oder einen Bürgen hat, darf für eine begrenzte Zeit ins Land, bevor er sein Aufenthaltsrecht mit denselben Nachweisen erneuern kann. Wer dem Staat und der Gesellschaft nichts nutzt, muss sein Glück woanders suchen.

Das erscheint nur allzu logisch. Nicht aber für die Anhänger links-grüner Schwärmereien. Was diese nämlich so gerne ausblenden, ist die Tatsache, dass „der Staat" nicht irgendein anonymes Gebilde höherer Macht ist, sondern sich aus den Menschen zusammensetzt, die sich als Gesellschaft auf dem Territorium zusammengefunden haben. Diese Gesellschaft bestimmt darüber, wie ihr Staat aussehen und wie er seine Zukunft sichern soll. Gewählte politische Vertreter sind ein Teil dieser Gesellschaft. Sie bekommen für eine begrenzte Zeit das Recht übertragen, „den Staat" zu organisieren – mehr nicht. Dazu gehört nicht, die Gesellschaft nach ihren ideologischen Vorstellungen oder den Wünschen der Zuwanderer umzubauen.

Leider ist dieses Verständnis vielen inzwischen abhanden gekommen. Nur so ist zu erklären, wie gleichgültig man die Wohlmeinenden auf Kosten der Funktionsfähigkeit des Staates und des gesellschaftlichen Zusammenhalts gewähren lässt. Das fängt bei Fragen der staatlichen Fürsorge an und endet bei weitem nicht bei der politischen Bewältigung der Zuwanderungskrise, in der alle Vernunft über den Haufen geworfen worden ist. Statt das aktuelle und künftige Funktionieren von Rechtsstaat und Demokratie zur Maxime des Handelns zu machen, ist – wie schon in der Euro-Krise – das ideologische Mantra das Maß aller Dinge.

Der enorme gesellschaftliche Schaden, der daraus folgt, scheint dabei billigend in Kauf genommen zu werden. Kein Land der Welt ist ohne Herausforderungen. Es lässt sich aber vieles tun, um diese nicht noch größer zu machen als sie ohnehin sind. Falsch verstandene Solidarität und verlogenes Gutmenschentum sind die Plagen unserer Zeit. Verbreitet werden sie von sogenannten Aktivisten, die zwar klein an der Zahl, dank ihrer politischen Lobby aber mächtig genug sind, den Staat aus den Angeln zu heben. Eine Gesellschaft, die sich diesen „Aktivisten" ausliefert, kann irgendwann nicht mehr funktionieren. Haben wir mehr Mut! Seien wir mehr Dubai und weniger Deutschland!

Linke Lust
Der Godesberger Totschlag und seine Folgen

Man kann sich wirklich nur schämen für die Politaktivisten dieses Landes, die das immer absurdere Ritual des Kampfes gegen Rechts derart auf die Spitze treiben, dass sie lieber vor den politischen Folgen eines Mordes durch Totschläger mit vermutetem Migrationshintergrund warnen, als sich mit der Tatsache auseinanderzusetzen, dass ein brutales Gewaltverbrechen verübt worden ist. Worthülsen vermeintlichen Mitgefühls gehen unter im lauten Geschrei der politischen Agitation. Und die Politik spielt gerne mit, weil es sich ja so gut anfühlt, vor der braunen Gefahr zu warnen.

In Bad Godesberg fällt einer linken Gruppierung namens „Bonn stellt sich quer" nach dem grausamen Mord an einem Jugendlichen nichts Besseres ein, als vor der Instrumentalisierung durch Rechte zu warnen. Dass sie dabei selbst den Tod eines Menschen instrumentalisiert, scheint niemanden zu stören. Kopf der Gruppe ist Martin Behrsing, Mitglied der Linkspartei und Sprecher des sogenannten Erwerbslosenforums, einer Internetselbsthilfegruppe für Arbeitslose. Von ganz links außen über die Grünen bis zur SPD unterstützten auch die Gewerkschaften seinen Aufruf zum Aufmarsch. Doch demonstriert wurde nicht etwa für mehr Sicherheit der Godesberger Bürger oder für eine bessere Ausstattung der Polizei. Um eine Mahnwache für den Ermordeten ging es auch nicht.

Behrsing und die Heerschar seiner linken Helfer wollten einfach nur ihre Lust an der Jagd auf Nazis ausleben, die sie überall dort verorten, wo andere ihrer Ideologie nicht folgen wollen. Derweil mutet die Hilflosigkeit unheimlich an, mit der Medien und Politik das sinnlose Verbrechen begleiten. Keine mahnenden Worte der Kanzlerin, keine Lichterketten, keine Appelle an die „Zivilgesellschaft", sich dem Hass der Gewalttäter entgegenzustellen. Teilnahmsloses Schweigen, wo doch so viel zu sagen wäre. Noch ist nicht sicher, ob die Täter Migranten waren, es spielt im Grunde auch keine Rolle. Man stelle sich aber für einen Moment den umgekehrten Fall vor: Ein Opfer mit Migrationshintergrund und drei Täter mit vermuteter rechter Gesinnung. Die Republik stünde Kopf.

So ist es ein Verbrechen, bei dem niemand Konsequenzen fordert oder gar zieht, sich aber wieder einmal alle fragen, warum ein Mensch grundlos sterben musste. Die Politik kennt die Antworten. Und die Bürger kennen sie auch. Doch während die einen nichts tun wollen gegen den rapiden Anstieg einer immer aggressiver verübten Gewalt, stehen die anderen den Exzessen, die wir Mitteleuropäer in diesem Ausmaß bisher nicht kannten, sprach- und machtlos gegenüber. Man muss kein Prophet sein, um vorherzusagen, dass die hysterischen Rufer nach größeren deutschen Integrationsanstrengungen und die Multi-Kulti-Träumer mit ihren Beschwichtigungsritualen die Meinungsführerschaft an sich reißen werden, sollte sich der Migrationshintergrund der Täter bestätigen.

Sie werden ebenso vernehmlich frohlocken, sollte unter den Totschlägern kein Migrant sein, was sie vermutlich mehr bewegen wird als der Tod eines jungen Mannes. Es wird keine ehrliche Debatte über den Umgang mit der offenbar geringeren Hemmschwelle bestimmter Kulturkreise geben und auch keine sachliche Auseinandersetzung mit der Forderung nach einer unnachgiebigen Ahndung körperlicher Gewalt. Wer sich dafür stark macht, wird die ganze Härte der Nazikeule zu spüren bekommen, wo doch die ganze Härte des Gesetzes für die Täter angemessen wäre.

Jeden Tag werden in Deutschland unzählige Gewalttaten verübt. Es sind regelmäßig auch Mitteleuropäer beteiligt, mit und ohne Migrationshintergrund. Wer aus der reflexhaften Angst vor „rechts" aber die Augen vor bestimmten Mustern verschließt und diejenigen kriminalisiert, die auf beängstigende Entwicklungen hinweisen, trägt nicht zur Problembewältigung bei, sondern ist Teil des Problems. Doch so sehr sie sich auch bemühen – die Linken werden es niemals schaffen, dass sich die Sonne um die Erde dreht.

Projekt 2080
Der IWF ruft den Sankt-Nimmerleinstag aus

In der europäischen Staatsschuldenkrise wird uns seit Jahren Sand in die Augen gestreut. Erst versuchte uns Europas politische „Elite" die Sanierung ihrer Großbanken als Euro-„Rettung" zu verkaufen, dann setzte uns die Kanzlerin mit dem gebetsmühlenartig vorgetragenen Unsinn unter Druck, alles sei alternativlos, und schließlich beschwichtigten die Eurokraten, es müssten nur immer neue Hilfspakete für Griechenland geschnürt werden und alles würde gut. Natürlich glaubt inzwischen kaum noch jemand, dass irgendwas gut wird. Griechenland ist nicht zu retten. Nicht heute und auch nicht 2080. So lange nämlich will der Internationale Währungsfonds Athen Zeit geben, seine Schulden zurückzuzahlen.

Erst ab 2040 wird dabei nach dem IWF-Vorschlag überhaupt eine Tilgung fällig – und der Zins soll bis 2045 bei schlappen 1,5% pro Jahr fixiert werden. Kreditkonditionen, die jeden Schuldner in Verzückung geraten lassen. Doch schon jetzt lässt sich der Schuldendienst nur durch ein künstliches Perpetuum Mobile aus neuen Krediten leisten – das klassische Schneeballsystem also. Der griechische Staat selbst erwirtschaftet nichts, was man den Gläubigern überlassen könnte. Und keiner weiß, wie dies einmal anders werden soll. Kaum eines der hehren Versprechen, von der Privatisierungsoffensive bis zur Besteuerung großer Vermögen, wurde eingehalten.

Überhaupt ist ein intaktes Staatswesen in Griechenland nur schwer auszumachen. Dabei hat man die eigene Bevölkerung bereits bis aufs letzte Hemd ausgezogen, doch strukturell keinerlei Fortschritte gemacht. Beharrlich versucht Finanzminister Wolfgang Schäuble uns dennoch zu vermitteln, alles laufe nach Plan und man habe die Sache im Griff. Unter gütiger Mitwirkung der Medien wird seit geraumer Zeit der Eindruck erweckt, die Euro-Krise sei überwunden. Sie tobt allerdings heftiger denn je – auch in Italien, Spanien und Portugal. Trotz der bisher ausgezahlten 240 Mrd. Euro und weiterer Zusagen über insgesamt 60 Mrd. Euro bleibt Griechenland ein Fass ohne Boden.

Wohl auch deshalb hat sich der Währungsfonds am dritten Hilfspaket schon gar nicht mehr beteiligt, das im vergangenen Sommer aufgelegt wurde, und möchte nun, dass die EU in den Großteil der IWF-Kredite einsteigt. Druckmittel ist der drohende Schuldenschnitt, den Europas Finanzminister um jeden Preis vermeiden wollen, würde doch damit endgültig manifestiert, was die Spatzen längst von den Dächern pfeifen: Die Euro-Milliarden der europäischen Steuerzahler sind unwiederbringlich verloren. Gerade in Deutschland würde sich das mit Blick auf die Bundestagswahl gar nicht gut machen. Und so übte sich der deutsche Kassenwart zum Wochenausklang in aufgesetzt jovialem Optimismus, indem er die schier unüberbrückbaren Differenzen mit dem IWF wegzulächeln versuchte.

Unterdessen wird im griechischen Parlament abermals um weitere Reformen gerungen, die am Ende wohl zwar beschlossen werden, aber einmal mehr nicht greifen dürften. Umgesetzt werden sicher jene Maßnahmen, für die die wehrlose Bevölkerung geradezustehen hat, allen voran eine weitere Mehrwertsteuererhöhung und die Erhebung neuer Sondersteuern, die auf die jüngst beschlossene Rentenkürzung und die Anhebung der Einkommensteuer folgen. Wo aber die milliardenschweren Privatisierungserlöse herkommen sollen und wie man eine funktionierende Verwaltung aufbauen will, steht in den Sternen. Ganz zu schweigen vom gesellschaftlichen Frieden, der ohnehin nur noch schwer zu retten scheint.

Griechenland ist und bleibt ein „Failed State". Die aus ökonomischer Sicht unsinnige Mitgliedschaft im „Euro-Club" deckt dies gnadenlos auf. Das weiß auch IWF-Chefin Christine Lagarde, wenn sie eine Laufzeitverlängerung bis 2080 vorschlägt. Der Vorstoß kommt einem Schuldenverzicht gleich. Schon deshalb, weil der Großteil des Nominalbetrages bis dahin auch bei geringer Inflation real verschwunden sein wird. Ehrlicher wäre es, das Projekt Griechenland lieber heute abzuschreiben. Die Vertagung des Problems auf den Sankt-Nimmerleinstag mag denen nutzen, die dann nicht mehr im Amt sind, wer aber nicht sich selbst, sondern Griechenland helfen will, sollte ein Ende mit Schrecken dem Schrecken ohne Ende vorziehen.

Äpfel und Birnen
Die systematische Verschleierung der linken Gefahr

Glaube keiner Statistik, die Du nicht selbst gefälscht hast. Diesen alten Leitspruch muss man bei der Lektüre der bundesweiten Fallzahlen politisch motivierter Kriminalität gar nicht erst bemühen. Denn die Faktenlage ist eindeutig und wird auch von niemandem bestritten. Was die Aktivisten in den Redaktionsstuben daraus machen, ist eine andere Sache. Sie schaffen es wahrhaftig, den Eindruck zu erwecken, Linksextremismus sei vernachlässigbar, während die Neugründung des Dritten Reiches unmittelbar bevorstehe. Dies geschieht durch irreführende Überschriften, eine entsprechende Bebilderung, die Platzierung der wesentlichen Informationen an nachrangiger Stelle und das Weglassen mancher Zahlen.

Dass jedoch der linke Extremismus – vor allem der gewaltbereite und zerstörerische – massiv auf dem Vormarsch ist, erfährt der aufmerksame Leser nur, wenn er die Nebelkerzen der Journalisten beiseite räumt und zusätzlich den alljährlichen Bericht des Bundesinnenministeriums zur Hand nimmt. Dieser enthält weit mehr als die mit Bedacht vermittelte Kurzfassung, dass Straftaten gegen Asylbewerber deutlich zugenommen haben, fast alle verübt von Menschen, die dem extremen rechten Lager zuzuordnen sind. Um es klar zu sagen: Rund 1.000 Straftaten gegen Asylbewerberunterkünfte sind nicht hinnehmbar. Sie müssen rigoros geahndet werden.

Auch die sogenannte Hasskriminalität ist enorm angestiegen, also fremdenfeindliche oder gegen bestimmte Gruppen gerichtete Äußerungen. Hier differenziert die offizielle Statistik aber schon nicht mehr zwischen links und rechts. Islamistische Hetze dürfte nach den Erfahrungen mit deren Umgang in den sozialen Netzwerken ohnehin nicht erfasst sein. Die Hasskriminalität hat übrigens einen Anteil von gerade einmal 8%. Das weiß auch Bundesjustizminister Maas. Insgesamt ist im Jahr 2015 gegenüber dem Vorjahr ein erheblicher Anstieg fremdenfeindlicher Delikte zu registrieren. Diese werden – da ist die Statistik eindeutig – weitgehend vom rechten Lager verübt. Es wäre angesichts der Fakten daher verheerend, rechtsmotivierte Straftaten zu relativieren.

Ebenso unredlich ist es allerdings, die politisch motivierte Kriminalität von links kleinzureden. Diese ist in vielen Bereichen nicht nur ausgeprägter als die von rechts, sondern geht mit einer massiven Gewaltbereitschaft einher. Von allen erfassten linken Straftaten wurden deutlich mehr als ein Viertel als Gewaltdelikte eingestuft. Und über 80% aller linksmotivierten Kriminalität betraf die Zerstörung von Eigentum sowie die Verletzung oder gar Tötung von Menschen. Vor allem Einsatzkräfte von Polizei und Feuerwehr, aber selbst Rettungskräfte und natürlich der politische Gegner sind immer wieder Zielscheibe linker Krimineller. Wenn man sich also differenziert mit der Statistik des Bundesinnenministeriums beschäftigt, kommt man zu einem anderen Schluss als viele Medien.

Man muss zur Kenntnis nehmen, dass 53% aller erfassten Delikte des rechten Lagers sogenannte Propagandadelikte darstellen, also das Zeigen und Verwenden verbotener Symbole. Sie können per Definition von Linken gar nicht begangen werden. Ehrlicher wäre es aus diesem Grund, diese Delikte gesondert auszuweisen, statt Äpfel mit Birnen zu vergleichen. Auch aus Sicht des Bürgers, der gerne von seinem Staat geschützt werden möchte, macht es sicher einen Unterschied, ob er ein auf die Wand geschmiertes Hakenkreuz betrachten muss, oder als Unbeteiligter in einen linken Krawallaufmarsch gerät, den er mit einem langwierigen Krankenhausaufenthalt bezahlt.

Ohne die Propagandadelikte liest sich die Statistik dann schon deutlich anders: Rechte und Linke liegen plötzlich fast gleichauf, wobei die aggressiveren, weil von körperlicher Gewalt geprägten Straftaten deutlich häufiger von links verübt werden. Ein solches Bild der Realität möchte natürlich in Politik und Medien niemand zeichnen, würde es doch allen, mit viel Steuergeld begleiteten Bemühungen den Boden entziehen. Fakten würden uns ohnehin nur verunsichern. Wer aber linke Gewalt relativiert, läuft Gefahr, sich zum Mittäter derer zu machen, die das Gewaltmonopol des Staates brechen wollen.

„Scripted Reality"
Flüchtlinge als Missbrauchsopfer der Gutmenschen

Sie machen einfach alles falsch. Die Gutmenschen unserer Zeit wollen die Welt verbessern und machen sie doch nur jeden Tag ein bisschen schlechter. In ihrer missionarischen Verbohrtheit schrecken sie vor nichts zurück. Seit die Zuwanderungskrise Europa gefangen hält, lässt sich dies täglich neu dokumentieren. Da werden tote Kinder am Strand fürs Foto drapiert, dutzendfach Bargeldfunde inszeniert oder „rettende Syrer" bei einem Verkehrsunfall erfunden. In Schwäbisch Gmünd gingen die Ideologen nun noch einen Schritt weiter: Weil die Akteure fürs gewünschte Fotomotiv nicht zu sichten waren, wurden sie kurzerhand herbei geordert – samt Requisite.

Schwäbisch Gmünd ist von einem verheerenden Unwetter heimgesucht worden. Die unvorstellbare Wucht der Naturkatastrophe hat sichtbare Spuren hinterlassen: Zum Teil unbewohnbare Häuser mit völlig zerstörter Einrichtung, dicker zäher Schlamm in den Straßen und Schäden in Millionenhöhe. Für die Einwohner ist ein Alptraum Realität geworden. Könnte es da schlimmer kommen? Ja, lautet die Antwort, wie wir nun wissen. Denn zu allem Überfluss mussten die Anwohner auch noch mit ansehen, wie ein offenbar aus Österreich stammendes Kamerateam fünf der in Schwäbisch Gmünd untergebrachten Asylbewerber auf die Straße schickte, um die richtigen Bilder für die eigene Mission zu bekommen.

Die verstörten Bewohner der Flüchtlingsunterkunft wurden auf die am ärgsten heimgesuchte Straße einer Siedlung getrieben und mussten dort so tun, als beteiligten sie sich an den Aufräumarbeiten. Nachbarn besorgten ihnen wenigstens Arbeitskleidung und Gummistiefel, um sie nicht zusätzlicher Gefahr und Pein auszusetzen, während sie zugleich empört gegen die ungebetenen Voyeure vorgingen. Trotz Handgemenge und wütender Proteste bekamen diese jedoch ihr gewünschtes Filmmaterial, weil die städtischen Verantwortlichen sie gewähren ließen. Denn das Filmteam hatte sich Schwäbisch Gmünd nicht ohne Grund ausgesucht, gilt die seit 2009 von Oberbürgermeister Richard Arnold geführte 60.000-Einwohner-Stadt doch als eine der Vorzeigekommunen für Integrationsarbeit.

Der bundesweit bekannt gewordene „Gmünder Weg" verfolgt das Ziel einer schnellen Einbindung von Zuwanderern in das Stadtleben durch die gezielte Heranführung an ehrenamtliche Tätigkeiten, individuelle Sprachkurse, eine dezentrale Unterbringung sowie verstärkte Anstrengungen zur raschen Vermittlung von Beschäftigung. Damit hat sich Arnold durchaus Renommee erworben. Der 57-Jährige gehört zur kleinen Gruppe verbliebener CDU-Hoffnungsträger, die Angela Merkel noch nicht abserviert hat. Im Vorfeld der baden-württembergischen Landtagswahl war Arnold gar zur Kandidatur für das Amt des Ministerpräsidenten gedrängt worden, lehnte aber dankend ab.

Wenngleich er der Schmeichelei eines Filmberichts nicht widerstehen konnte, erscheint es doch glaubwürdig, dass Arnold von der Posse ebenso überrumpelt worden ist wie alle anderen. Er muss sich den Vorwurf gefallen lassen, dem absurden Ansinnen stattgegeben zu haben. Wer sich zum Helfer von Wahrheitsverfälschern macht, kann keinerlei mildernde Umstände für sich geltend machen. Dabei mussten die Asylbewerber auf Weisung der Filmenden nach den zu diesem Zeitpunkt bereits beendeten gröbsten Aufräumarbeiten einen Teil des zerstörten Mobiliars aus den Entsorgungscontainern in die leergepumpten Keller zurückschleppen, um es anschließend medienwirksam von dort hinauszutragen. Mit Schaufeln und Eimern mussten sie zudem im Schlamm für weitere Aufnahmen posieren.

So sollte die politische Botschaft ausgesandt werden: „Seht her: Wir geben Euch etwas zurück!" Oberbürgermeister Arnold rechtfertigte die schrille Aktion in einem anschließenden Pressestatement damit, es habe der Wunsch bestanden, „speziell hier auch Flüchtlinge zu filmen, da diese bereits in den Tagen zuvor an anderer Stelle mit angepackt hatten". Eine tatsächliche Beteiligung der Asylbewerber bei den vorherigen Aufräumarbeiten hatte jedoch keiner der Anwohner beobachtet. Die Fälschung von Schwäbisch Gmünd ist der vorläufige Höhepunkt einer Inszenierung, mit der sich Politik und Medien ihr Grab immer tiefer schaufeln.

Blockade im Bundesrat
„Pure sinnlose Ideologie" als grüner Markenkern

Immer noch beschäftigt sich ein Untersuchungsausschuss des nordrhein-westfälischen Landtags mit der Aufarbeitung der Silvesterübergriffe am Kölner Dom. Die Täter kamen vor allem aus Nordafrika. „Nafris", wie nordafrikanische Intensivtäter im Polizeijargon genannt werden, sind überproportional häufig an Straftaten beteiligt. Doch deren Abschiebung stellt ein nahezu aussichtsloses Unterfangen dar. Dies liegt nicht nur daran, dass sich Tunesien, Marokko und Algerien laut Nordrhein-Westfalens Innenminister Ralf Jäger „völlig unkooperativ" verhalten, sondern auch an der Tatsache, dass die sogenannten Maghreb-Staaten als „unsicher" und deren Zuwanderer damit als besonders schutzbedürftig gelten.

Nun endlich hat sich der Bundestag dem Problem gestellt und die drei Staaten zu „sicheren Herkunftsländern" erklärt. Doch ohne die Zustimmung des Bundesrats ist der Beschluss Makulatur. Derzeit spricht nichts dafür, dass die Entscheidung in der Länderkammer besiegelt werden könnte. Zu verdanken haben wir dies den Grünen, die einmal mehr ihre ideologischen Muskeln spielen lassen. Ohne Rücksicht auf Verluste zwingen die Sonnenblumenanbeter ihre jeweiligen Koalitionspartner in den Landesregierungen dazu, den Beschluss zu boykottieren. Und so dürfte das Hase-und-Igel-Spiel der Ordnungskräften mit den „Nafris" munter weitergehen.

Dass immer wieder Nordrhein-Westfalen im Fokus steht, wenn es um Straftaten von Maghreb-Migranten geht, ist kein Zufall. Im bevölkerungsreichsten Bundesland wohnt der weitaus größte Teil der in Deutschland lebenden Nordafrikaner. Da dürfte es den NRW-Grünen besonders schwerfallen, ihre Verweigerung zu rechtfertigen. Einen sachlichen Grund gibt es ohnehin nicht. Denn selbst nach der Einstufung als „sicheres Herkunftsland" hat jeder Maghreb-Bürger auch künftig das Recht, einen Asylantrag zu stellen. Sollte sich bei der Einzelfallprüfung herausstellen, dass Sachgründe vorliegen, den Antrag zu bewilligen, gibt es auch weiterhin Asyl. Tatsächlich dürfte es sich bei der grünen Blockade also um „pure sinnlose Ideologie" handeln, wie Bundesinnenminister de Maizière vermutet.

Er hatte sich vor Monaten auf die Ochsentour in die nordafrikanischen Länder begeben, um dort für eine größere Bereitschaft zu werben, eigene straffällige Bürger zurückzunehmen. Genutzt hat es wenig, denn natürlich sind auch die Maghreb-Staaten froh um jeden losgewordenen Kriminellen. Sie können sich dabei auf die Grünen verlassen, die sich viel lieber an Einzelschicksale klammern, als sich an der offiziellen Definition für „sichere Herkunftsländer" zu orientieren. Nach dieser ist lediglich zu beachten, dass „generell keine staatliche Verfolgung zu befürchten ist und der Staat vor nichtstaatlicher Verfolgung schützt." Die Maghreb-Staaten erfüllen aus Sicht der Mehrheit des Bundestages diese Bedingungen.

Ende vergangenen Jahres hatten sich die Grünen unter dem Eindruck der immensen Unruhe innerhalb der Bevölkerung, deutlich überschrittener Aufnahmekapazitäten für Zuwanderer und eines drohenden Zusammenbruchs der öffentlichen Verwaltung zähneknirschend dazu bereiterklärt, Albanien, Kosovo und Montenegro nach Jahren der Blockade endlich als sicher einzustufen. Niemand weiß, was ihnen die Kanzlerin dafür versprochen hat. Noch einmal wollen sie ihr nun aber offenbar nicht zur Seite springen. So werden also auch künftig Zuwanderer aus Nordafrika bei uns für Schlagzeilen sorgen, weil Einzelne in ihrer Heimat durch die dort geltenden Gesetze diskriminiert werden. Und genau hier liegt der Denkfehler der Grünen.

Fernab aller deutschen Geplänkel hat sich aber auch die ansonsten so regelungsfreudige Europäische Union bis heute auf keine Liste „sicherer Herkunftsländer" einigen können. Während das Zentralorgan an vielen Stellen tief in die nationale Souveränität eingreift, dürfen sich kriminelle Handlungsreisende weiterhin darüber freuen, dass naive Weltverbesserer ihnen an vielen Stellen des Kontinents die Türen offenhalten. Wie etwa in Schweden, das nicht ein einziges Land als „sicher" definiert hat. Bei den Skandinaviern lässt sich beobachten, wohin enthemmte Sozialromantik führt. Das Beispiel einer zur Hilflosigkeit verurteilten Staatsgewalt sollte uns allen Warnung genug sein.

Der „Klexit"
Claus Kleber verlässt den Kreis seriöser Journalisten

Abend für Abend ist Claus Kleber das Unbehagen über die Fesseln förmlich anzusehen, die ihm der Rundfunkstaatsvertrag anlegt. An den ist sein Arbeitgeber nämlich gebunden. Für ARD und ZDF gelten feste Grundsätze zur Trennung von Berichterstattung und Kommentar sowie unmissverständliche Regeln für eine unverfälschte Wiedergabe von Interviews und Statements. Geschickt haben Kleber und seine Kollegen diese Grenzen über die Jahre jedoch immer weiter verschoben. Schon vor geraumer Zeit ließ uns der ZDF-Mann tief in seine Gefühlswelt blicken: Der Moderator des „heute-journals" mokierte sich über „das trockene Nachrichtenablesen" seiner Kollegen.

Es ist ihm offenbar zuwider, dass es immer noch Inseln professionellen journalistischen Wirkens gibt, von denen aus Nachrichten einfach nur übermittelt werden. Geradezu fatal, wenn der unbedarfte Fernsehzuschauer durch selbständiges Denken auf den Irrweg einer eigenen politischen Meinung geriete. Lieber möchte der große Moderator die Menschheit am Füllhorn seiner Weisheit teilhaben lassen und sicherstellen, dass das Publikum auch den letzten Winkel seiner weltmännischen Eloquenz gemeinsam mit ihm bereist. Nein, einfach nur berichten, was es Neues gibt, ist Klebers Sache nicht.

Längst hat sich der ZDF-Moderator aus dem Kreis seriöser Journalisten verabschiedet. Klebers „Einordnung" des Mordes an der britischen Parlamentarierin Jo Cox wenige Tage nach seiner eigentümlichen Bewertung des islamistischen Terrorakts von Orlando führte dem Zuschauer die ganze Doppelzüngigkeit vor Augen, für die der Journalismus unserer Zeit so häufig am Pranger steht. Hatte der wegen seiner naiven Moderation in der Flüchtlingskrise in die Kritik geratene Kleber trotz erdrückender Faktenlage alle Register gezogen, um die Zuschauer davon zu überzeugen, die brutale Gewalttat eines von den amerikanischen Behörden als Islamist eingestuften Mannes sei lediglich aus privatem Hass erfolgt, konnte er nach dem Mord an Cox nicht schnell genug einen Zusammenhang zum britischen EU-Referendum herstellen.

Derlei unseriöse Spekulationen stufen britische Ermittler allerdings als unwahrscheinlich ein. Immer klarer wird, dass es sich bei dem Täter um einen unpolitischen Geisteskranken handeln dürfte. Dies jedenfalls belegen die Aussagen seiner Nachbarn und derer, die ihn kennen. Sie alle sagten aus, dass sich der 52-jährige Einzelgänger trotz möglicher Sympathien für rechte Gesinnungen nie politisch positioniert oder gar politischen Gruppierungen angeschlossen habe. Doch Kleber griff gierig nach dem Strohhalm, verwies auf den Hass der EU-Gegner und ergötzte sich an den aus ihm heraussprudelnden Superlativen, mit denen er den Einsatz der Labour-Abgeordneten Cox für die Idee vom vereinten Europa lobte.

Qualvoll beschrieb er das unvorstellbare Grauen, das die „Brexit"-Kämpfer über das Land gebracht hätten. Derweil schlachteten britische EU-Unterstützer den Tod umgehend für ihre politischen Ziele aus. Die europäischen und amerikanischen Institutionen weiden sich seither in einem Mord, der ihren wirtschaftlichen Interessen in die Karten spielt. Denn nun ist das Votum völlig offen; lagen die Gegner bis zum Cox-Mord mehr oder weniger klar in Front, so dürften die Befürworter eines britischen EU-Verbleibs durch die negative Konnotation der „Leave"-Kampagne nach der Ermordung der „überzeugten Europäerin" bei der Abstimmung nunmehr favorisiert sein.

Geschickt haben es die Klebers dieser Welt verstanden, zwei Vorgänge miteinander zu verknüpfen, die nichts miteinander zu tun haben. Ein Irrer, der eine dreifache Mutter ermordet, die sich als linke Abgeordnete in der führenden Politik engagiert hat. Mehr braucht es nicht. Doch Claus Kleber gibt sich unschuldig. Er wolle lediglich Nachrichten „moderieren und einordnen", damit der Zuschauer sie auch versteht, ließ er uns einmal wissen. Dieses Selbstverständnis hatte sicher auch die „Aktuelle Kamera". Zum Glück gibt es heute aber viel mehr Informationsquellen als in der damaligen DDR.

Panik im Politbüro
Die Briten weisen Europas Sonnenkönigen die Tür

Man könnte sich totlachen, wäre die Lage nicht so bitterernst. Nie zuvor hat man die sogenannte politische Elite derart konsterniert erlebt. Die Riege der Sonnenkönige hat sich nicht vorstellen können, dass sich die Erde plötzlich wieder um die Sonne dreht und ihr die älteste Demokratie Europas die Tür weist. Kalt erwischt wurde sie am frühen Morgen des 23. Juni 2016, der eine Zeitenwende eingeläutet hat. Das Votum der Briten für den Austritt aus der Europäischen Union sendet eine klare Botschaft in alle Welt: Die Herrschaften des Brüsseler Politbüros haben endgültig abgewirtschaftet.

Viel erinnert an den Herbst ´89, als sich die Politschranzen selbst nach dem Niederreißen der Berliner Mauer durch das Volk ihr krachendes Scheitern nicht eingestehen wollten. So sehr hatten sie sich von den Bürgern abgeschottet, dass sie gar nicht verstanden, was da rund um sie plötzlich geschah. Ein Hauch von Ost-Berlin weht in diesen Tagen durch Brüssel. Doch auch andernorts hat man absolut nichts begriffen. Trotzig schallt es „Jetzt erst recht" aus Paris, Rom und Berlin. Und schon überbieten sich hierzulande die Vertreter aller Parteien darin, noch mehr Europa zu fordern, womit sie allerdings noch mehr EU meinen. Ein himmelweiter Unterschied und einer der Hauptgründe für den mehrheitlichen Wunsch der britischen Wähler, sich der Brüsseler Krake zu entledigen.

Großbritanniens Austritt mag schlecht für die EU sein, er ist aber ein Segen für die Europäische Idee – und ein Sieg der Demokratie. Nun haben die Schwarzmaler Hochkonjunktur. In Deutschland, das gar nicht mitstimmen durfte, tragen Politik, Medien und Wirtschaftsverbände seit Wochen einen erbitterten Wettbewerb um das trostloseste Horrorszenario aus. Und die völlig überdrehte Propaganda-Maschine läuft seit der britischen Austrittsentscheidung so heiß, dass man Angst um die Gesundheit der Akteure haben muss. Manch Medienschaffender dürfte inzwischen an Herzrhythmusstörungen leiden, weil der Körper die ständige Alarmbereitschaft irgendwann nicht mehr mitmacht.

Sofort wurden Umfragen veröffentlicht, die eine nie gekannte EU-Begeisterung der Deutschen belegen sollen. Zwar kann sich immer noch deutlich weniger als die Hälfte für das Brüsseler Zentralorgan erwärmen, doch reicht es bereits, dass die Befürworter hierzulande erstmals seit langer Zeit knapp vor den Gegnern liegen, um Jubel-Headlines zu kreieren, die mit fröhlich um die Europa-Fahne tanzenden jungen Menschen illustriert werden. Die Kanzlerin versucht sich derweil in Gelassenheit, aber auch sie kann nicht verbergen, dass ihr der plötzliche Demokratie-Anfall schwer zu schaffen macht. Da hilft die Flucht nach vorne: Wie einst Merkel beim Euro, versuchen die Brüsseler Granden die Rettung ihrer EU nun mit der Bewahrung des Friedens in Europa gleichzusetzen.

Dieses Geschwätz ist natürlich ebenso grober Unfug wie das damalige Euro-Mantra der Kanzlerin. Denn die Gemeinschaftswährung hat zu nachhaltigen Verwerfungen auf dem Kontinent geführt, die Bürger Europas gegeneinander aufgebracht und viele Millionen Menschen ärmer gemacht. Niemand wird ernsthaft behaupten können, der Euro sei ein friedenstiftendes Projekt. Und auch die EU heutiger Prägung ist es nicht. Sie war es bis in die frühen 1990er Jahre, als noch Persönlichkeiten Europa führten, die aus eigener Kriegserfahrung wirklich an der Einigung des Kontinents interessiert waren. Nicht Machtphantasie und Postengier trieb sie an, sondern das ernsthafte Streben nach einem friedlichen Zusammenleben.

Europa ist stark. Und auch die Europäische Union hat noch eine Chance. Sie kann sie nutzen, wenn sie sich auf die schon einmal erreichte Balance aus nationalstaatlicher Souveränität und gemeinsamer Entscheidungskraft besinnt. Dazu bedarf es jedoch radikaler Veränderungen: Die Brüsseler Hinterzimmerpolitik einer kleinen Gruppe nicht vom Wähler legitimierter Entscheider muss ebenso ein Ende haben, wie die Gängelung und Bevormundung durch den Erfindungsreichtum einer offenbar nicht ausgelasteten Bürokratie. Einen Europäischen Bundesstaat, so viel ist inzwischen wohl klar, wird es niemals geben können. Wer derlei Überlegungen immer noch vorantreibt, setzt den Frieden in Europa fahrlässig aufs Spiel.

Das Fundament
Österreich verteidigt den demokratischen Rechtsstaat

Zum zweiten Mal in nur einer Woche hat in Europa die Demokratie gesiegt. Nach dem von den deutschen Medien bis heute nicht akzeptierten Votum der Briten, aus der Europäischen Union ausscheiden zu wollen, muss nun die skandalumwitterte Stichwahl um das Amt des österreichischen Bundespräsidenten wiederholt werden. Während sich die Bürger Großbritanniens bei einer auch für deutsche Bundestagswahlen nicht mehr selbstverständlichen Wahlbeteiligung mehrheitlich für das Verlassen der EU ausgesprochen haben, wurde in Österreich ein wichtiges Zeichen gegen Wahlmanipulation gesetzt.

„Wahlen sind das Fundament der Demokratie. Es ist die vornehmste Pflicht des Verfassungsgerichtshofs, dieses Fundament funktionstüchtig zu erhalten", so die Richter in Wien. Sie sahen sich zur Annullierung der Stichwahl veranlasst, um „das Vertrauen in unseren Rechtsstaat und damit in unsere Demokratie zu stärken." In 94 von 117 Wahlbezirken hat der Verfassungsgerichtshof Unregelmäßigkeiten bei der Auszählung festgestellt, oder anders gesagt: Nur in einem Fünftel der Bezirke ging es mit rechten Dingen zu. Ob es sich dabei schlicht um Schlamperei oder um Vorsatz handelte, lässt sich heute nicht mehr klären. Am Fundament der österreichischen Demokratie haben die flächendeckenden Unregelmäßigkeiten bei der Briefwahlauszählung aber allemal gerüttelt.

Die ZEIT schafft es dennoch, Opfer zu Tätern zu machen. Aus ihrer Sicht rütteln nicht etwa die Trickser und Pfuscher in den Wahlämtern am demokratischen Fundament, sondern die geschädigte FPÖ, obwohl deren Kandidat Hofer möglicherweise des Bundespräsidentenamtes beraubt worden ist. Im umgekehrten Fall hätte man den grandiosen Sieg der Demokratie sicher ausgiebig gefeiert. Und jene Medien, die nicht gerade mit der ideologischen Umdeutung der Welt beschäftigt waren, erfüllten lediglich verschämt ihre Chronistenpflicht. Während vor allem in Deutschlands öffentlich-rechtlichem Rundfunk auch eine Woche nach dem „Brexit"-Votum weiter erbittert gegen die Befürworter des Austritts gehetzt wird, war die einzigartige Gerichtsentscheidung aus Österreich den allermeisten Redaktionen nur eine dürre Meldung wert.

Kein Brennpunkt, keine tagelangen Sondersendungen – und dies, obwohl nicht weniger passiert war, als dass der Rechtsstaat jenen Kräften eine Absage erteilt hatte, denen an freien, geheimen und gerechten Wahlen offenbar nicht gelegen ist. Gerade in der aktuellen Sinnkrise Europas hat ein solcher Sieg der Rechtsstaatlichkeit mehr verdient als beleidigte ZEIT-Kommentierungen oder weitgehende mediale Ignoranz. Denn durch das Gerichtsurteil wurden all jene bestätigt, die wegen der ungezählten Verdachtsmomente bereits kurz nach der Wahl deren Rechtmäßigkeit in Frage gestellt hatten. Reflexartig waren sie von Politik und Medien als brandgefährliche Anti-Europäer und Verschwörungstheoretiker verunglimpft worden.

Ein bekanntes Muster aus der Eurokrise und dem Zuwanderungschaos, als man mit den kurz darauf von der Realität bestätigten Kritikern jeweils ebenso verfuhr, weil sie es gewagt hatten, auf die Errungenschaften von Demokratie und Rechtsstaat zu pochen. Niemals haben sich die pöbelnden Parolenschwinger in den Redaktionen für die massive Verunglimpfung unbescholtener Bürger entschuldigt. Stattdessen gefallen sie sich im Zusammenspiel mit ihren Doppelpasspartnern aus der Berufspolitik darin, gebetsmühlenartig auf rechte Gefahren zu verweisen – und damit Ursache und Wirkung gänzlich auf den Kopf zu stellen.

Gerade erst hat Bundesjustizminister Maas sich wieder dazu verstiegen, vor der Bedrohung der Demokratie von rechts zu warnen, während in der Bundeshauptstadt eine Horde linker Schwerstkrimineller seit eineinhalb Wochen mit blinder Gewalt gegen den Rechtsstaat mobil macht, weil sie ein illegal besetztes Haus nicht für Asylsuchende freigeben will. Ach, das haben Sie gar nicht mitbekommen? Kein Wunder – um solcherlei antidemokratische Gewaltexzesse von links machen Deutschlands öffentlich-rechtliche Medien lieber keinen Wirbel. Zu leicht könnte das Kartenhaus in sich zusammenfallen.

Seelenlose Statements
Die groteske Vermeidungsstrategie der Angela M.

Seit zehn Jahren beglückt uns Angela Merkel mit einer wöchentlichen Videobotschaft. Ich kenne niemanden, der sie sich jemals angesehen hätte, doch es muss sie geben, die Zuschauer der Podcasts der Kanzlerin. Stets begleitet von irgendjemandem, der mehr oder weniger gut zu ihrer Botschaft passt, kommt samstags „Die Kanzlerin direkt" ins Haus, um uns für eines ihrer wöchentlichen Lieblingsprojekte zu begeistern. So auch in ihrem Video vom 9. Juli, das uns das Integrationsgesetz erläutern soll. Wie alle anderen 500 Merkel-Podcasts zuvor, wäre der Clip eigentlich keiner Erwähnung wert, doch er schließt mit einer Wortgirlande, die sinnbildlich für Merkels Strategie steht, die Dinge nicht beim Namen zu nennen.

Bis dahin bietet er das gewohnte Sowohl-als-auch. Denn klare Botschaften meidet die Kanzlerin wie der Teufel das Weihwasser. Zu leicht könnte sie vom Wahlvolk verstanden und damit festgelegt werden. So flüchten sich Merkels Redenschreiber lieber in seelenlose verschraubte Sätze. Der Clip, in dem eine Abiturientin die Stichwortgeberin mimt, versetzt den Zuhörer bereits nach anderthalb Minuten in ungläubiges Staunen: An dieser Stelle wird Merkel von der inszeniert wissbegierigen Schülerin nämlich gefragt, wie man denn damit umgehe, dass sich manche Flüchtlinge „verunsichert" fühlten und „Zweifel an unserer Kultur" hätten.

Dankbar greift Merkel die Verbeugung vor dem Islam auf – denn nur um den geht es im Interview wie auch in sämtlichen Integrationsdebatten. Es folgt viel Bekanntes und Selbstverständliches. Nach einigen Allgemeinplätzen zum Grundgesetz und zu den Rechten von Frauen, wird es in der letzten halben Minute dann doch noch konkret – freilich ohne klare Botschaft der Kanzlerin. Gefragt danach, wie sie dazu stehe, wenn „Flüchtlinge nicht haben wollten, dass Schweinefleisch in den Schulen angeboten wird", setzt Merkel zu jener Verbalakrobatik an, die als schmuckloses Vermächtnis ihrer Kanzlerschaft in die Geschichte eingehen wird. Kohl, der Kanzler der Deutschen Einheit, Schröder, der Kanzler der „Agenda 2010" – und Merkel?

Sie wird uns als Kanzlerin der asymmetrischen Demobilisierung in Erinnerung bleiben, wie die Neue Zürcher Zeitung schreibt: „Themen beschweigen statt adressieren". Im Videoclip kulminiert diese Vermeidungsstrategie in einem Satz: „Die Toleranz gehört schon dazu, dass wir uns in unseren Essgewohnheiten jetzt nicht verändern müssen", schwadroniert Merkel, und man hört das Papier rascheln, auf dem ihr die fleißigen Texter das wachsweiche Sätzchen gereicht haben. Es sind Worte wie diese, die Merkel unangreifbar machen sollen. Nicht genau sagen, was gemeint ist, nicht wirklich klar Position beziehen, vor allem aber nicht zu hart mit denen ins Gericht gehen, die als Neuankömmlinge eine Gesellschaft nach ihren Wünschen umbauen wollen.

Hier hätte es eines deutlichen Signals an islamische Agitatoren bedurft. „Bei uns wird Schweinefleisch gegessen, Ihr müsst ja nicht, wenn Ihr nicht wollt", hätte Gewicht gehabt und keinen Raum für Interpretationen gelassen. Doch sie will interpretierbar bleiben. Nur einmal hat die Kanzlerin sich festgelegt, hat sie Emotionen gezeigt und ihre „Seele" offenbart. Sie ist dabei so tief gestürzt, dass man geradezu fühlen kann, wie das Trauma an ihr nagt. Souffliert von ihren Hofberichterstattern hat sie im vergangenen Sommer die öffentliche Meinung so grundlegend falsch eingeschätzt, dass sie sich auf einen Weg ohne Wiederkehr machte.

Die Erfindung der „Willkommenskultur" war neben dem Euro-Desaster Merkels gigantischste Fehlleistung. Noch im März wurden Wetten angenommen, wann die Kanzlerin wohl fällig sei. Nur durch das beherzte Vorgehen unserer österreichischen Nachbarn konnte sie sich halten. Der Zuwanderungsstrom ebbte schlagartig ab – und Merkels Redenschreiber führten sie zurück in die sicheren Gewässer des Vermeidens. Doch Merkel wird auf Dauer nicht zu halten sein. Zu groß sind die Krisen Europas, zu sehr wird in den kommenden Jahren ein Kanzler gebraucht, der die Kraft hat Entscheidungen zu treffen, statt die Gier nach schmückenden Beliebtheitswerten. Man darf gespannt sein, wann die Flüchtlingskanzlerin selbst aus dem Amt flüchten muss.

Nach der Putsch-Posse
Der Westen bejubelt den Sieg des türkischen Führers

Gerade einmal gut drei Stunden dauerte das, was uns die Türkei als „Putschversuch" vorspielte. Als wie bestellt zur besten Sendezeit eine Handvoll Soldaten mit ein paar Panzern und etwas Fluggerät Teile Ankaras und Istanbuls scheinbar in ihren Besitz nahmen, schwante manchem bereits, dass der Spuk schnell vorüber sein würde. Von Beginn an wirkte das Ganze seltsam befremdlich, ja geradezu dilettantisch. Live konnte die Welt zuschauen, wie sich das Militär auf einer Brücke verschanzte, einen Flughafen besetzte und den Staatssender TRT einnahm, um sich wenig später fast widerstandslos zu ergeben.

Überall die gleichen Szenen: Die mit übergroßen Türkei-Flaggen anrückenden Massen eroberten ihre Stadt spielend leicht zurück. Der von Erdoğan telefonisch bestellten „Armee der Zivilisten" gelang es mühelos, die zwar zahlenmäßig unterlegenen, aber schwer bewaffneten Soldaten einzuschüchtern. Nein, da sind sich viele Experten einig, so sieht kein ernstgemeinter Putsch aus. Erdoğan verfolgte das makabere Schauspiel aus seinem sicheren Versteck heraus und erklärte es nur wenige Stunden nach Beginn kurzerhand für beendet. Allerdings nicht, ohne über 260 Tote zu hinterlassen, von denen rund 100 auf Seiten der „Putschisten" zu beklagen waren. Die schräge Inszenierung gipfelte in Erdoğans geschmackloser Feststellung, der Putschversuch sei ein „Geschenk Gottes".

Der Führer, der auch schon mal Hitler-Deutschland als Beispiel für den Umbau des türkischen Staates nennt, verschwendet seither keine Minute, um die Gunst der Stunde zu nutzen. 2.750 Richter und Staatsanwälte wurden ihrer Posten enthoben, mehr als doppelt so viele politische Gegner verhaftet. Eine Welle der Säuberung und Gleichschaltung überrollt das Land mit unvorstellbarer Wucht. Angesichts dieser bestürzenden Entwicklungen sollte man meinen, es ginge ein Aufschrei durch die zivilisierte Welt, der vor allem aus Deutschland kommen müsste. Die Anfänge des Aufstiegs der Nationalsozialisten sind wohlbekannt. Doch weit gefehlt! Nur zaghaft melden sich Politiker der zweiten und dritten Reihe mit Kritik zu Wort. Der große Rest – von der Kanzlerin bis zum Außenminister – freut sich mit dem Despoten über den „Sieg der Demokratie".

Von Washington über Brüssel bis nach Berlin überbietet sich die „politische Elite" darin, Sultan Erdoğan wohlfeile Wortgirlanden zu binden. Voller Erleichterung bejubelt man die Niederschlagung des militärischen Putsches und lässt dabei unerwähnt, dass der zivile Putsch in vollem Gange ist. Wo sich die westliche Welt im Falle der Ukraine noch einig war, dass nämlich Putschisten zu unterstützen seien, die ein demokratisch gewähltes Staatsoberhaupt mal einfach so abgesetzt hatten, betrachtet sie die Sache im Falle der Türkei genau andersherum. Was gut zwei Dutzend Militärbasen und ein grotesker Flüchtlingspakt doch anrichten können.

Natürlich ist die Sorge der NATO ebenso begründet wie die der EU: Zu leicht könnte Erdoğan sich als militärischer Partner bockig stellen oder Millionen von Flüchtlingen auf Europa loslassen. Man hat sich dem Herrscher ausgeliefert. Völlig undenkbar ist angesichts dieser Lage ein EU-Beitritt der Türkei – und doch wird man ihn auf mittlere Sicht wohl nicht verhindern können, wenn der türkische Führer und vor allem die Vereinigten Staaten dies wollen. Erdoğan hat die westliche Welt in der Hand und macht sie zu seinem Spielball. Wir werden nie erfahren, wie sehr er selbst hinter allem steckt – dass ihm der misslungene „Putsch" als einzigem nutzt, ist jedoch unbestritten.

Die von Krisen gebeutelten Staats- und Regierungschefs in Europa haben eine historische Chance verstreichen lassen, sich deutlich von einem Machthaber zu distanzieren, der sie verhöhnt, beleidigt und erpresst. Sie mögen damit ihre geostrategische Rolle „klug" gespielt haben, doch über die Folgen sollten sie sich im Klaren sein. Wer Despoten zur Errichtung einer Diktatur gratuliert, darf sich nicht wundern, wenn ihm die eigene Bevölkerung das Vertrauen entzieht. Viel schlimmer noch ist aber, was sich seither in vielen deutschen Großstädten abspielt: Mit dem Aufmarsch Tausender Erdoğan-Kämpfer erhalten wir einen Vorgeschmack darauf, wie sehr Europa das Kuschen vor dem türkischen Herrscher möglicherweise noch bereuen wird.

Erdoğans Armeen
Der verlängerte Arm des Despoten nach Europa

Die Demokratie ist ein hohes Gut. Sie ist jedoch anfällig und muss täglich neu verteidigt werden. Zu leicht macht sie es dem, der ihre Toleranz ausnutzen will, sie zu missbrauchen. Dies gilt auch für jene, die sich auf ihre religiösen Überzeugungen berufen und einen säkularen Staat ablehnen. Es ist ein schmaler Grat zwischen dem gewollten Pluralismus, der auch wirren oder gar extremen Ansichten Gehör gibt, und der Verbreitung demokratiefeindlicher Ideologien. In Deutschland bildet der Rechtsextremismus die „rote Linie". Gesellschaftlich geächtet sind daher Aufmärsche von Befürwortern nationalsozialistischen Gedankenguts. Und das ist gut so. Doch die Grenze verschiebt sich immer weiter nach links.

Auch Demonstrationen ohne Nazi-Bezug sind längst verpönt, wenn sie an linken Tabus rütteln. Politisch und gesellschaftlich geduldet ist hingegen die Verharmlosung oder Verherrlichung des DDR-Unrechtsstaats, der vierzig Jahre lang wahllos politische Gefangene nahm und Bürger an der deutsch-deutschen Grenze ermorden ließ. Narrenfreiheit genießt auch der religiöse Fanatismus. Während überall systematisch nach „rechter Hetze" gefahndet wird, gesteht der Staat muslimischen Eiferern ein nahezu uneingeschränktes Recht auf Meinungs- und Versammlungsfreiheit zu, wohl wissend, dass sie nicht selten unsere staatliche Ordnung infrage stellen.

Natürlich ist es schwierig, die Grenze zwischen der Ausübung der Freiheitsrechte und dem Missbrauch der Demokratie zu ziehen. Und wo die Versammlungsfreiheit auch extreme Gruppen schützt, muss eine Gesellschaft demokratische Wege finden, ihre freiheitliche Ordnung zu verteidigen. In der Vergangenheit beschritt man diese Wege dadurch, dass Demonstrationen bestimmter Gruppierungen von Politik und Medien einhellig missbilligt wurden. Dieser Mechanismus findet aber fast ausschließlich bei rechtsgerichteten Demonstrationen Anwendung. Feldzüge gewaltbereiter Linksradikaler oder Aufmärsche extremistischer Religionsgruppen werden dem gesellschaftspolitischen Regulativ nicht unterworfen.

Ebenso wenig wenden sich die Meinungsmacher gegen offensichtliche Versuche, innenpolitische Konflikte anderer Länder in Deutschland auszutragen. Hier machen sich immer wieder türkische und türkischstämmige Personen unsere freiheitlich-demokratische Grundordnung zunutze. So auch in einer Zeit, in der der türkische Machthaber Erdoğan offenkundig dabei ist, eine Diktatur am Bosporus zu errichten. Welche Massen er imstande ist zu mobilisieren, hat sich nicht nur bei seinen vielen Auftritten in Deutschland gezeigt. Zehntausende wollen einmal mehr für ihren Führer demonstrieren. Konnte der Aufmarsch von bis zu 30.000 Erdoğan-Getreuen in Düsseldorf mit Verweis auf unzureichende Polizei-Kapazitäten noch unterbunden werden, ist die für den 31. Juli angemeldete Großdemonstration in Köln wohl nicht zu verhindern.

Zu der Massenkundgebung aufgerufen hat die „Union Europäisch-Türkischer Demokraten" (UETD). Die Lobby-Organisation der in der EU lebenden Türken gilt als Erdoğans verlängerter Arm und sorgte jüngst für Schlagzeilen, als sie zu den offenen Morddrohungen gegen türkischstämmige Bundestagsabgeordnete nach der Armenien Resolution schwieg. Aber nicht nur die UETD steht im Zwielicht, auch die Rolle der „Türkisch-Islamischen Union der Anstalt für Religion" (DITIB) ist äußerst zweifelhaft. Der Dachverband der Moscheegemeinden ist der größte islamische Verband in Deutschland und ebenfalls ein wichtiges Zentralorgan Erdoğans.

Müssen wir diesen Organisationen und deren Aktivisten wirklich erlauben, Millionen von Türken für den Kampf gegen den säkularen Staat zu mobilisieren? Muss Europa sich nicht nur durch Erdoğans Arroganz, sondern auch durch seine zivilen Armeen demütigen lassen? Nachsicht und Naivität haben oft den Weg für Despoten geebnet. Ich halte es da lieber mit dem österreichischen Außenminister Sebastian Kurz: „Wer sich in der türkischen Innenpolitik engagieren will, dem steht es frei, unser Land zu verlassen". Ein solch klares Bekenntnis zu den Prinzipien der gesellschaftlichen Ordnung wünscht man sich auch von deutschen Politikern.

Mordende Opfer
Hochkonjunktur für die Attentats-Versteher

Eine Woche haben wir ohne großen Anschlag hinter uns gebracht. Nach einer Serie furchtbarer Attentate innerhalb weniger Tage ist trügerische Ruhe eingekehrt. Doch die Angst bleibt. Zu sehr ist auch dem Letzten klar geworden, dass selbst im kleinsten Nest hinter den Hecken gerade jetzt jemand darauf warten könnte, seinen IS-Befehl zu bekommen. Denn genau das ist die Nachricht der Attentäter: Niemand ist mehr sicher. Nirgends. Der islamistische Terror ist in Deutschland angekommen und mit ihm die Attentats-Versteher. Sie sitzen in linksgrünen Institutionen ebenso, wie in den Nachrichtenredaktionen.

Zu ihnen hat sich eine neue Gruppe gesellt, die nun die große Bühne des Terrors für sich entdeckt hat: Die Psychologen. Seit Würzburg zeichnen sie akribisch ein Psychogramm jedes einzelnen Attentäters, immer mit dem Ziel zu belegen, dass die Ursache der grausamen Tat in einer starken psychischen Störung zu suchen sei. Mit fatalen Folgen: Wer psychisch krank ist, den kann man nicht verantwortlich machen für das, was er getan hat. Und die Attentats-Versteher geben sich keine Mühe zu verbergen, dass genau dies ihre Kernbotschaft ist. Sie dürfen darauf vertrauen, dass eine Gesellschaft, die ihre Burn-Outs liebevoll pflegt und jede Stimmungsschwankung zur Depression erhebt, sich schwer damit tut, ihnen zu widersprechen.

Vier große Attentate in nur sieben Tagen, vier ganz unterschiedlich ausgeführte Taten, doch viermal dauerte es nur wenige Stunden, bis wir erfuhren, dass der Attentäter psychisch gestört war. Die anschließende Berichterstattung kreiste nur noch um diesen Aspekt. Vor allem aber scherte sie sich einen Teufel um die Opfer. Dabei liegt selbst für den Laien auf der Hand, dass einer, der einfach mal so andere Menschen umbringt, nicht ganz richtig im Kopf sein kann. Warum also darüber fachsimpeln? Fasziniert hingen jedoch die Journalisten an den Lippen der Experten für Geisteskrankheiten, die ein vorgeblich detailgetreues Bild der inneren Verfasstheit brutaler Mörder zeichneten.

Die fast ausschließliche Fokussierung auf die Psyche der Täter verdrängte viele Fakten. Etwa, dass alle vier über einen muslimischen Hintergrund verfügten und drei von ihnen erst im Zuge der Merkelschen Willkommensparty den Weg zu uns gefunden hatten. Oder, dass es sich in Reutlingen offenbar gar nicht um eine Beziehungstat, sondern einen islamistisch motivierten Anschlag gehandelt hatte. Und auch, dass der Münchner Täter mit vollem Namen Ali Davoud Sonboly hieß, was – anders als David S. – so überhaupt nicht nach einem deutschen Nazi und erst recht nicht nach einem israelischen Massenmörder klingen will. All diese Fakten gingen unter im medialen Freudentanz um die mitreißendste Psychoanalyse. Weit und breit kein Journalist, der da noch weiterrecherchieren wollte.

Es schien in den Tagen nach den Anschlägen stets nur darum zu gehen, dass Offensichtliche nicht offensichtlich werden zu lassen. Wie auf dem Höhepunkt der Zuwanderungskrise, wie nach Silvester, sollte offenbar auch diesmal mit allen journalistischen Mitteln die Wahrheit unterdrückt werden. Doch die Strategie konnte nicht aufgehen und fiel spätestens nach dem Selbstmordattentat von Ansbach in sich zusammen. Niemand kann jetzt noch behaupten, in Deutschland gäbe es keinen islamistischen Terror. Und niemand kann mehr beschwichtigen, dass „Flüchtlinge" mit dem Terror nichts zu tun hätten. Die totale Konzentration auf die gestörte Psyche der Täter soll dies verschleiern. Doch die Bürger durchschauen den Trick: Nur noch acht Prozent glauben „wir schaffen das" und satte zwei Drittel wollen Merkel in ihrer Zuwanderungspolitik gleich gar nicht mehr folgen.

Nie würde jemand auf die Idee kommen, die Psyche eines Rechtsradikalen zu analysieren und damit das Anzünden eines Asylbewerberheims zu rechtfertigen. Natürlich nicht. Keinem fiele im Traum ein, den Geisteszustand hochkrimineller linker Extremisten zu beleuchten, obwohl dies dringend nötig erscheint. Nur beim Islamismus müssen wir uns gefallen lassen, dass Mörder zu Opfern gemacht werden, weil ihnen ihre Psyche einen bösen Streich gespielt haben soll. Lassen wir nicht zu, dass wie schon in der Integrationsdebatte Schuld und Verantwortung einmal mehr auf die Gesellschaft abgewälzt werden.

Der Parlaments-Bonus
Manche Betrüger beschützt die Demokratie

Seit Wochen führt sie uns an der Nase herum, tun können wir allerdings wenig. Einige von uns haben ihre Partei gewählt und ihr damit ein Bundestagsmandat verschafft. Seither zahlen wir alle ihr Gehalt. Für vier Jahre entsenden wir unsere Volksvertreter ins höchste deutsche Parlament, damit sie zum Wohl der Allgemeinheit agieren. Dafür werden sie fürstlich entlohnt. Mit rund 10.000 Euro im Monat und mit allerlei steuerlichen Vergünstigungen. Ein solches Mandat stellt höchste Anforderungen an Persönlichkeit, Kompetenz und Charakter. Es ist deshalb richtig, bei jenen besonders genau hinzusehen, die uns in den Berufsparlamenten vertreten.

Doch wer heute noch wagt, Integrität und Glaubwürdigkeit einzufordern, dürfte von den meisten der mehr als 600 Bundestagsabgeordneten bestenfalls als ewig Gestriger belächelt werden. Berufspolitiker scheinen nur noch in hoch bezahlten Parlamenten zu sitzen, um möglichst gut für sich und ihre Partei zu sorgen. Nicht ohne Grund rangieren sie am Ende der Sympathieskala. Kaum noch jemand vertraut ihnen und so recht will auch niemand mit ihnen zu tun haben. Es sind Menschen wie Petra Hinz, die hieran maßgeblichen Anteil haben. Und es gibt sie in allen Parteien. So unterschiedlich die politischen Gesinnungen auch sind, scheinen sie sich darin einig zu sein, dass für sie ganz eigene Regeln gelten.

Mitte Juli musste die SPD-Abgeordnete Hinz unter zunehmendem Druck der Öffentlichkeit einräumen, dass sie wesentliche Teile ihres Lebenslaufs frei erfunden hatte. Das Geständnis folgte dem offenen Brief einer Gruppe früherer Mitarbeiter der seit 2005 im Bundestag sitzenden Berufspolitikerin, in dem diese publik gemacht hatten, dass „zum täglichen Umgangston im Büro Hinz persönliche Beleidigungen, Diffamierungen, Mobbing, ständige Überwachung und Maßregelung sowie die Übertragung von demütigenden Aufgaben" gehörten. Ähnliche Vorwürfe hatte es bereits 2012 gegen Hinz gegeben, die in den elf Jahren ihrer Parlamentszugehörigkeit mehr als vier Dutzend Mitarbeiter verschlissen hat.

Kurz nach Bekanntwerden der aktuellen Klagen hatten sich aus den Reihen der SPD die Hinweise gemehrt, dass Hinz – anders als von ihr selbst angegeben – gar keinen juristischen Abschluss und nicht einmal das Abitur besitzt. Offenbar war mindestens die Essener Parteiführung über diesen Umstand seit mehr als 25 Jahren informiert. Drei Wochen versuchte Hinz, das sich anbahnende Unheil auszusitzen, ehe sie den Betrug zugab und ankündigte ihre Parteiämter sowie ihr Mandat niederlegen zu wollen. Inzwischen will die Lebenslauffälscherin von einem Rückzug aus dem hochbezahlten Abgeordnetenjob nichts mehr wissen. Zu gut fühlt es sich an, das eigene Konto Monat für Monat mit fünfstelligen Beträgen zu füllen. Die Staatsanwaltschaft untersucht nun den Politskandal. Und Hinz könnte sogar eine Freiheitsstrafe drohen.

Doch ohne die Einwilligung des Bundestages geht nichts. Erst, wenn dieser die Immunität aufhebt, kann ein Verfahren eingeleitet werden. Dass es dazu kommt, erscheint aber alles andere als wahrscheinlich. So darf sich eine charakterlich offenbar ziemlich ungeeignete Parlamentarierin noch fast 15 Monate lang an den saftigen Früchten der Demokratie laben. Vermutlich landet sie bis dahin auf dem Abstellgleis oder lässt sich krankschreiben. Bis zum regulären Ausscheiden aus dem Bundestag kommen trotzdem rund 150.000 Euro Gehalt zusammen – möglicherweise also ohne Gegenleistung.

Der Fall Hinz zeigt das ganze Dilemma unserer Berufspolitik auf: Parteien, die sich unsere Demokratie zur Beute gemacht haben, züchten Kaderpolitiker, bei denen vielfach Qualifikation und Persönlichkeit auf der Strecke bleiben, weil sie seit ihrer Pubertät fast nur noch im Saft politischer Gremien schmoren. Häufig haben diese Kaderzöglinge nicht viel mehr vom Leben gesehen als Parteijugendorganisationen, Abgeordnetenbüros und Parlamente, in die sie jedoch nicht etwa aufgrund besonderer Eignung, sondern vornehmlich durch Linientreue gespült wurden. So manchen verlockt es da, seine kümmerliche Vita aufzupeppen. Und die Betrüger können sich sicher fühlen, solange sie in ihren Parlamenten sitzen. An der Wahlurne haben wir Gelegenheit, ihnen und ihren Parteien die Quittung zu erteilen. Nutzen wir sie!

Olympia 2016
Die Scheinheiligkeit des Anti-Doping-Kampfes

Die Olympischen Spiele ziehen uns in ihren Bann. Wir freuen uns über Bestleistungen, wünschen uns aber zugleich fairen, sauberen Sport. Es ist daher wichtig, dass diejenigen aufgespürt und von den Wettbewerben ferngehalten werden, die sich durch die Einnahme unerlaubter Mittel einen Vorteil verschaffen wollen. In Rio sollte dabei der Eindruck erweckt werden, man habe gnadenlos durchgegriffen. Eines der historisch erfolgreichsten Teilnehmerländer konnte am Ende zwar nicht wie gewünscht vollständig von den Spielen ausgeschlossen, aber immerhin doch ganz gehörig zurechtgestutzt werden. Allerdings nicht ohne einen Beigeschmack.

Früh konzentrierten sich die Doping-Jäger auf das sogenannte Staatsdoping Russlands. Und aufgrund der nachgewiesenen flächendeckenden Manipulationen insbesondere bei den Leichtathleten wurden diese letztlich komplett suspendiert. Dass man dabei Sportler in Sippenhaft nahm, ohne ihnen aktuelle Doping-Vergehen nachgewiesen zu haben, wurde billigend in Kauf genommen. Natürlich ist es wichtig, ein starkes Signal zu setzen. Dass es aber um mehr geht als um den Anti-Doping-Kampf, zeigt der Umgang mit den vielen anderen Nationen, in denen die zahlreichen Indizien für systematisches Doping keine aufwändigen Untersuchungen nach sich ziehen. Es drängt sich ein unguter Verdacht auf.

Sollte es im Vorfeld der olympischen Spiele 2016 auch darum gegangen sein, Russland abzustrafen? Seit dem Ausbruch des Ukraine-Konflikts scheint sich die westliche Sportwelt unter Führung der Vereinigten Staaten dem Ziel verschrieben zu haben, den wiederentdeckten Feind aus Moskau zu bekämpfen. Schon die Ermittlungen der amerikanischen Justizbehörden, die den Weltfußballverband FIFA in dessen größte Krise stürzten, waren anfangs vom Wunsch begleitet, eine unsaubere Vergabe der Fußball-Weltmeisterschaft 2018 nach Russland nachzuweisen, um die Entscheidung zu revidieren. Inzwischen wissen wir: Es gab praktisch keine WM der neueren Zeit, die nicht durch einen Stimmenkauf an Land gezogen wurde.

Vor allem das höchst umstrittene Turnier in Katar 2022 steht dabei im Fokus – doch haben dieselben Verantwortlichen, die sich gierig auf Russland stürzen, kein Interesse daran, einen ihrer strategischen Partner an den Pranger zu stellen. Zurück zum Doping: Würde es das IOC ernst meinen, hielte man sich nicht mit geopolitischen Scharmützeln auf. Dann stünden längst etwa auch die Sportler aus den Vereinigten Staaten auf dem Prüfstand. Insider weisen seit vielen Jahren auf ein vielleicht nicht staatlich organisiertes, aber gleichsam flächendeckendes Doping hin. Auch in China, Äthiopien, Jamaika und vielen anderen Ländern dürften um Aufklärung bemühte Ermittler rasch fündig werden. Doch offenbar wollen sie gar nicht aufklären.

Wer denkt angesichts der erdrückenden internationalen Konkurrenz ernsthaft, dass Michael Phelps nach mehrfachen Pausen und einem zwischenzeitlichen Abgleiten in den Drogensumpf nur durch fleißiges Trainieren heute wieder Goldmedaillen im Vorbeigehen mitnimmt? Wer hält die Sportler aus Jamaika für die Hüter der Formel des menschlichen Raketenantriebs? Wer glaubt die Geschichte vom „Training mit Jesus" der äthiopischen Läuferin, die den Weltrekord über 10.000 Meter mal eben um mehr als 14 Sekunden verbesserte, ohne einen Hauch von Anstrengung zu zeigen? Dass Brasiliens nationale Anti-Doping-Agentur die Sportler des Gastgeberlandes in den vier Wochen vor den Spielen gar nicht mehr testete, erscheint da fast als Petitesse.

Solange die Weltgremien und die Doping-Jäger sich an diese „Heiligen Kühe" nicht heranwagen, müssen sie sich vorwerfen lassen, lediglich eine Hexenjagd auf Russland zu veranstalten. Derweil schaut das IOC an anderer Stelle lieber gleich ganz weg: Schulterzucken, wenn saudische und syrische Kämpfer nicht gegen ihre Gegner aus Israel antreten oder einem israelischen Judoka vom ägyptischen Gegner der obligatorische Handschlag verweigert wird, während man zugleich Sportlern das Tragen einer regenbogenfarbenen Kapitänsbinde untersagt, weil es eine politische Botschaft beinhalte. Mit dem Islam möchte man es sich eben noch viel weniger verderben als mit mancher Doping-Nation. Schwer zu sagen, was schlimmer ist.

Ohne Sinn und Verstand
Das gefährliche Paralleluniversum der Berufspolitik

Die deutsche Berufspolitik scheint den Verstand verloren zu haben. SPD-Chef Gabriel will die Bürger per Steuer vor zu niedrigen Energiepreisen schützen. NRW-Minister Jäger vergleicht die Burka mit dem Nikolauskostüm. Und die Bundesregierung arbeitet mit dem organisierten Terror zusammen. Wahrhaftig verrückte Zeiten. Was ist das nur für ein Jahr, dieses 2016? Wir werden von Menschen regiert, die zunehmend den Eindruck erwecken, die Kontrolle verloren zu haben. Mindestens beweisen sie aber, dass sie der Aufgabe nicht gewachsen sind. Es fehlt ihnen der Mut zu den notwendigen Entscheidungen. Es fehlt Ihnen die Verankerung in der Gesellschaft. Vor allem aber fehlt es Ihnen offenkundig an Kompetenz.

Immer mehr scheint dies auch für die Kanzlerin zu gelten. Im verzweifelten Versuch, die Folgen ihrer staatsgefährdenden Alleinentscheidung vom 4. September 2015 zu entschärfen, hat sie sich einem türkischen Präsidenten ausgeliefert, der offenkundig nicht nur an der Errichtung einer Diktatur arbeitet, sondern nach Erkenntnissen des BND intensiv mit Terrorbanden kooperiert. Derlei hätte in früheren Zeiten hierzulande auch schon einmal ausgereicht, um eine Regierung zu Fall zu bringen. Nicht so im verrückten Jahr 2016. Merkel klebt an ihrem Stuhl wie altes Fett an der Bratpfanne. Nichts und niemand scheint die ändern zu können.

Die Spatzen hatten es schon lange von den Dächern gepfiffen, und dennoch schlug die Nachricht ein wie eine Bombe: Erdoğans Regime unterstützt radikale Islamisten – nach BND-Informationen mindestens seit 2011. Wörtlich heißt es, die Türkei habe sich „zur zentralen Aktions-Plattform für islamistische Gruppen der Region des Nahen und Mittleren Ostens entwickelt". Dies war der Bundesregierung bekannt, lange bevor Merkel ihren folgenschweren „Pakt mit dem Teufel" schloss. Sie tat dies in der Gewissheit, dass es keinen Ausweg mehr aus der Sackgasse geben würde, in die sie Deutschland hineinmanövriert hat. Seit Monaten geht es nur noch um sie selbst und ihr politisches Überleben. Das drohende Ende vor Augen, kennt sie inzwischen offenbar keine Skrupel mehr – und bleibt bei ihrer Taktik des Vermeidens und Bagatellisierens.

Statt selbst vor die Bürger zu treten, schickte die Kanzlerin ihre bewährte Allzweckwaffe de Maizière zur Schadensbegrenzung vor. Der treue Wegbegleiter durfte verkünden, alles sei doch gar nicht so schlimm. Der brisante BND-Bericht beschreibe nur einen „Teilaspekt türkischer Wirklichkeit". Welch infame Verniedlichung! Sie stimmt höchstens insofern, als Merkels vermutete Beihilfe zur illegalen Einwanderung ebenfalls lediglich einen Teilaspekt der deutschen Wirklichkeit beschreibt: Weiten Teilen der deutschen Bevölkerung wäre der grandiose Unfug einer totalen Grenzöffnung, die noch dazu gesetzeswidrig sein dürfte, nicht im Traum eingefallen.

Doch was die Türkei und ihre Unterstützung des islamistischen Terrors angeht, ist alles wie immer: Diejenigen, die dahingehende Vermutungen äußerten, weil die Hinweise immer deutlicher wurden, mussten sich lange beschimpfen lassen. Wer davor warnte, sich mit Erdoğan auf den unseligen Flüchtlingspakt einzulassen, stand einsam in der Ecke. Ebenso war es vor der Einführung der europäischen Einheitswährung, die genau das Gegenteil eines völkerverbindenden Projekts ist. Wer monierte, hier ginge es weniger um die Europäische Idee als vielmehr um schnöde französische Interessen, wer auf den volkswirtschaftlichen Unsinn verwies, musste sich als Anti-Europäer titulieren lassen. Und wer die sogenannte Energiewende infrage stellte, anderen vorrechnete, dass das Ganze nicht aufgehen, sondern lediglich einigen Öko-Konzernen die Taschen vollmachen würde, zog sich den Zorn politischer Aktivisten und nicht selten eines Teils seines Bekanntenkreises zu.

Stets behielten die Mahner recht. Wie auch die Kritiker der Merkelschen Willkommensparty, die vor vielem gewarnt hatten, was uns heute Sorge bereitet. Sie alle wurden diffamiert, ausgegrenzt und von der Politik beleidigt, weil sie sagten, was nicht gesagt werden soll. Wer geltendes Recht einfordert, wer für die Demokratie eintritt, wer eine funktionierende Gesellschaft verteidigt, der gilt heute als verrückt. Was für ein Wahnsinn!

Fauler Fisch
Die unappetitliche Kost des Heiko Maas

Als Bundesjustizminister ist man recht beschäftigt, wenn man sein Amt ernst nimmt. Immerhin gibt es rund 2.000 Bundesgesetze und knapp 3.500 Verordnungen mit mehr als 75.000 Artikeln und Paragraphen. Genug zum Kümmern also für Heiko Maas. Doch offenbar füllt ihn der Job nicht aus. Denn der Mann, der in Kürze seinen 50. Geburtstag feiert, nimmt sich viel Zeit für anderes. Zu seinen Lieblingsaktivitäten gehört, sich als oberster Moralhüter, Sittenwächter und Sprachpolizist aufzuspielen. Wie keinen Justizminister zuvor, drängt es den Saarländer, das Recht zu moralisieren, also nicht mehr die Frage nach der Strafbarkeit, sondern nach der Schicklichkeit zu stellen. Dabei legt er höchst selbst fest, was sich gehört.

Mit der Unterstützung einer früheren Stasi-Mitarbeiterin durchkämmt der Minister seit geraumer Zeit systematisch das Internet, um unerwünschte Meinungsäußerungen zu unterbinden. Maas unterliegt dabei allerdings einer groben Fehleinschätzung: Auch der Jurist im Ministeramt ist nur ein Diener des Staates. Seine Aufgabe ist nicht, das Recht zu „machen", sondern auf dessen Einhaltung zu achten. Sein Ministerium ist nicht selbst der Rechtsstaat, sondern lediglich das ausführende Organ zu dessen Sicherung und Fortentwicklung. Doch das ist Maas wohl zu wenig. Er scheint seine Moral verordnen zu wollen. Viel Zeit bleibt ihm nicht – nur noch bis zum Herbst 2017.

Nun hat Maas ein echtes Problem. Der moralinsaure Minister mit maximaler Fallhöhe hat sich in eine missliche Lage begeben. Nach einer der ungezählten öffentlichen Veranstaltungen gegen den allerorten vermuteten „rechten Hass" trat Maas in ein tiefes Fettnäpfchen. Eine Reihe mehr oder weniger talentierter Bands war in Mecklenburg-Vorpommern zu einem Konzert zusammengekommen, um „Flagge gegen rechts" zu zeigen. Oder, wie es im Jargon jener Kreise heißt, um klar zu machen, dass Deutschland trotz seiner angeblichen Millionen von Nazis „noch nicht komplett im Arsch" ist. Maas war begeistert, was er die Fangemeinde in den sozialen Netzwerken umgehend wissen ließ. Musik gegen rechts ist eben etwas für Feinschmecker.

Ausdrücklich und namentlich dankte er den Acts, zu denen auch die Band mit dem schrägen Namen „Feine Sahne Fischfilet" gehörte. Dumm nur, dass ebendiese so gar nicht auf dem Boden unseres Grundgesetzes zu stehen scheint. Das sehen zumindest einige Verfassungsschutzorgane so. Immerhin ruft die 2007 gegründete Punkband in ihren Liedern offen zur Gewalt auf. Und nicht nur das: Sie hat es dabei insbesondere auf Polizisten und staatliche Organe abgesehen – die klassischen Feindbilder linker Extremisten. Während Maas schon unflätige Sprüche auf Facebook nur allzu gerne als rechte Hetze interpretiert, gehört in den Songs der Fischfilet-Punks „Die Bullenhelme – sie sollen fliegen" noch zu den harmlosen Textstellen.

Dass deutsche Berufspolitiker – und insbesondere führende Köpfe der SPD – anscheinend kein Problem mit dem verbreiteten, oft hochaggressiven Linksextremismus haben, ist schlimm genug. Dass aber der Bundesjustizminister offen mit einer radikalen Band sympathisiert, die sich verbal gegen die staatliche Ordnung wendet, hat eine besondere Qualität. Und dass der Vorgang außerhalb der sozialen Medien ohne große Debatte bleibt, macht deutlich, in welcher Verfassung Deutschland ist. Für viele ist linker Extremismus nichts weiter als der besonders engagierte Einsatz für die gute Sache. Und die tägliche Panikmache vom Nazi, der an jeder Hausecke wartet, beschäftigt uns offenbar so sehr, dass für den Kampf gegen real existierende Extremisten kein Raum mehr bleibt.

Maas ließ derweil ausrichten, sein „Social Media Team" sei für den Fauxpas verantwortlich. Dass er offenkundige Sympathisanten linker Krawallmacher in seinen Reihen beschäftigt, macht die Sache allerdings nicht besser. Es dürfte ihm auch durchaus bewusst gewesen sein, warum die „Fischfilets" im Jahresbericht des Verfassungsschutzes Erwähnung fanden. Unterdessen sucht Maas im Internet weiter munter nach Bürgern, die er zu Nazis stempeln kann. Und die wirklichen Gefährder unserer Ordnung bleiben ungeschoren, obwohl sie nicht nur an ihrer Vermummung leicht zu erkennen wären. Eine Gesellschaft, die das toleriert, hat es vielleicht auch nicht anders verdient.

Debatte statt Diffamierung
Parteien, stärkt endlich die Demokratie!

Wahlen werden inzwischen von einem festen Ritual begleitet. Es heißt AfD-Bashing und lässt sich auf kommunaler Ebene ebenso beobachten, wie bei Landtagswahlen. Und schon heute dürfen wir uns auf eine regelrechte Propagandaschlacht zur Bundestagswahl einstellen. Im Zentrum des unwürdigen Schauspiels steht eine junge Partei, die drauf und dran ist, sich demnächst ein ansehnliches Stück vom bundesdeutschen Kuchen der öffentlichen Parteienfinanzierung zu sichern. In manchem Landtag hat sie sich schon zu den etablierten Parteien gesellt und deren Pfründe damit erheblich geschmälert. Nun also auch in Mecklenburg-Vorpommern und bald im Berliner Abgeordnetenhaus. Die AfD hat die Lücke genutzt, die eine von Merkel nach links gerückte CDU hinterlassen hat.

Wenn also ausgerechnet von dort empörte Buh-Rufe ertönen, ist dies lächerlich. Ebenso peinlich ist der Umgang aller übrigen Parteien mit dem gar nicht mehr so neuen Mitbewerber. Da wird mithilfe einer Armada willfähriger Journalisten gewarnt, verteufelt und geächtet. Da werden banale Statements zu Hassreden stilisiert und unzweideutige Aussagen ins Gegenteil verdreht. Da werden gewaltbereite Antifa-Horden bejubelt, die als „Gegendemonstranten" auf eine Handvoll AfD-Sympathisanten losgehen. Achselzucken, wenn Linksextreme es nicht mehr bei Handgreiflichkeiten belassen.

Nein, liebe Parteien, so kann Demokratie nicht funktionieren. Man fragt sich, ob es tatsächlich nur politische Dummheit ist, oder ob die verkrusteten, schwerfälligen Parteiapparate mit ihrem Latein nicht einfach am Ende sind. Wer glaubt, den Gegner dadurch kleinzuhalten, dass er ihn zum Teufel erklärt, muss wohl in einer Welt leben, die keinerlei Bezug mehr zum tatsächlichen Geschehen hat. Man hätte seitens der Parteispitzen frühzeitig darauf kommen können: Schon als die Kanzlerin in ihrer berühmt-berüchtigten Silvesteransprache Ende 2014 Zehntausende PEGIDA-Demonstranten an den Pranger stellte, wirkte dies nur kurz einschüchternd auf verstörte Menschen, die nichts weiter wollten, als ihre Unzufriedenheit mit der Bundesregierung zum Ausdruck zu bringen.

Es handelte sich größtenteils um politisch zwar interessierte, aber nicht parteigebundene Bürger, die dankbar eine in der Tat von zweifelhaften Organisatoren errichtete Plattform erklommen. Und es war kein Zufall, dass damals gerade der Osten Deutschlands den größten Zulauf zu den Massendemonstrationen erhielt. Nach 40 Jahren Diktatur lebt dort noch eine Protestkultur, die der selbstzufriedene Westen nie hatte. Merkel, Gauck & Co. taten alles, um die Proteste zu unterbinden. Zu frisch waren gerade bei ihnen die Erinnerungen an jene Montagsdemonstrationen, die das SED-Regime zu Fall gebracht hatten. Seither macht die sogenannte politische Elite im Umgang mit der steigenden Zahl von Wählern, die eine andere Politik wollen, alles falsch.

Statt den politischen Mitbewerber ernst zu nehmen und sich der Sachdebatte zu stellen, wird ausgegrenzt, diffamiert und polemisiert. Ja, es gibt sie, die Extremisten in den Reihen der AfD. Das ist die unvermeidliche Begleiterscheinung einer Parteigründung – fragen Sie mal bei der erneuerten SED oder bei den Grünen nach. Doch wie auch immer man zur AfD steht, muss man ihr attestieren, die Sorgen von Millionen von Menschen in diesem Land erkannt zu haben. Dass sie keine Lösungen anzubieten habe, ist ein Vorwurf, der schon deshalb ins Leere läuft, weil auch die etablierten Parteien oft genug ihre fehlende Problemlösungskompetenz unter Beweis stellen. Überall wird gewurschtelt, verschlimmbessert und geschachert.

Unsere Demokratie ist in einer schlechten Verfassung. Nicht wegen der „Hetzer und Motzer", wie eine der Ikonen der öffentlich-rechtlichen AfD-Schelte meint, sondern wegen des Umgangs mit abweichenden Ansichten. Wo man der Ex-SED fast alles nachsieht, sie gar hofiert, mag man deren Pendant im konservativen Milieu nicht einmal die Wahrheiten gönnen, die man selbst ausspricht. Wer Demokratie so interpretiert, betreibt deren Abschaffung – solange Wählerstimmen frei und geheim abgegeben werden dürfen, schafft er sich dabei Stück für Stück aber auch ein bisschen selbst ab.

Das Experiment
„Ground Zero" – blinde Wut und blinde Liebe

Zum 15. Jahrestag der Terroranschläge auf die Türme des World Trade Centers habe ich ein Experiment durchgeführt. Das Ergebnis hat mich erschreckt, wenngleich ich auf einiges gefasst war. Gerade jene, die sich so gerne über mangelnde Meinungsfreiheit in Politik und Medien beklagen, versuchten mit üblen Attacken Kommentatoren einzuschüchtern, die anderer Ansicht waren. Es mangelte dabei nicht nur an der Toleranz für abweichende Sichtweisen, sondern vor allem am Respekt für Andersdenkende. Die aggressiven, beleidigenden und ehrverletzenden Tiraden überschritten jedes erträgliche Maß. Was könnte Menschen zu solchen Angriffen verleitet haben?

Anlass war ein aktueller Artikel aus einer Fachzeitschrift der European Physical Society (EPS). In dem Magazin für die EPS-Mitgliedsverbände bezweifeln vier Wissenschaftler, dass die beiden Türme des WTC sowie ein Nebengebäude nur durch einschlagende Flugzeuge, heißes Kerosin und umherfliegende Trümmerteile eingestürzt seien. Die Autoren behaupten, allein eine kontrollierte Sprengung könne dies bewirkt haben. Ich merke an, dass es für diese Theorie keine Beweise gäbe, ein Fachblatt des Europa-Dachverbandes der Physik aber wohl kaum zum Kreis der Verschwörungstheoretiker gehöre und sich sehr wohl überlege, ob es eine derart brisante Einschätzung veröffentliche.

Innerhalb von Sekunden hagelte es wütende Proteste. Ich hatte etwas Unverzeihliches getan, indem ich amerikanisches Regierungshandeln hinterfragt hatte. Es ist unbestritten, dass Deutschland nach dem Ende des II. Weltkriegs durch die Hilfe der westlichen Siegermächte wieder auf die Beine kam. Dabei haben die Vereinigten Staaten einen wichtigen Beitrag geleistet – freilich nicht nur aus altruistischen Motiven. Für die meisten Deutschen ist es daher eine Selbstverständlichkeit, sich gegenüber dem Kommunismus abzugrenzen und den westlichen Alliierten die Treue zu schwören. Auch ich lasse keine Gelegenheit aus, mich sehr kritisch mit dem Sozialismus auseinanderzusetzen. Wer aber aus dieser klaren Positionierung gegen kommunistische Gesellschaftssysteme ableitet, man müsse sich in völliger Ergebenheit Amerika anschließen, setzt sich dem Verdacht der Einseitigkeit aus.

In der Welt des 21. Jahrhunderts ist es unklug und ungerecht, das Gute immer nur westlich des Atlantiks zu verorten, während das Böse stets östlich von Polen wohnt. Wer auf amerikanische Lügen zur Rechtfertigung des Irak-Einmarsches hinweist, wer feststellt, dass das Land in seiner 240-jährigen Geschichte nahezu ununterbrochen kriegerische Auseinandersetzungen geführt hat, wer anprangert, dass sich Europa nicht nur in der Türkei-Frage amerikanischen Militärinteressen unterordnet und wer in den Aktivitäten zur vermeintlichen Griechenland-Rettung den langen Arm Amerikas erkennt, ist noch lange kein Putinist.

Einige Kommentatoren – dies hat das WTC-Experiment gezeigt – sind zu dieser Differenzierung nicht fähig. Die kritische Auseinandersetzung mit den Geschehnissen des 11. September 2001 wurde von einem besonders aggressiven Angreifer gar in die Nähe der Holocaust-Leugnung gerückt. Da ist jedes Maß verloren gegangen. Ein anderer, der sein Profil in einem der sozialen Netzwerke demonstrativ mit der Flagge der USA illustriert, sekundierte begeistert, wenn entrüstet festgestellt wurde, dass wohl ein Handlanger antiamerikanischer Agitatoren sein müsse, wer die offizielle Version der New Yorker Terroranschläge anzweifle. Fraglich, ob sich jene Eiferer, die sich blind vor Liebe vor ihren amerikanischen Schutzpatron werfen, ebenso vehement zur Wehr setzen würden, ginge es um ähnlich gravierende Vorkommnisse auf russischem oder chinesischem Boden.

Es gibt Staaten wie Nordkorea, die aufgrund ihrer Abschottung durch irre Despoten immer im Verdacht stehen, die Öffentlichkeit zu täuschen. Doch nicht erst die Snowden-Enthüllungen haben gezeigt, welche Ungeheuerlichkeiten sich im Verborgenen auch in Ländern abspielen, die wir für demokratisch und transparent halten. Blinde Wut und blinde Liebe sind keine klugen Wegbegleiter einer aufgeklärten Gesellschaft, deren Aufgabe es ist, Regierungshandeln stets kritisch zu begleiten. Es ist gut, wachsam gegenüber Propaganda zu sein. Die Reflexe des „Kalten Krieges" sind dabei allerdings wenig hilfreich.

Die Angstmacher
Wenn der Staat vor linken Drohungen kapituliert

Einmal mehr ist es linken Extremisten gelungen, Andersdenkende mundtot zu machen. Dafür brauchen sie nicht viel zu tun. Es genügt, dass sie ihr Kommen ankündigen. Diesmal traf es die Befürworter eines transatlantischen Freihandelsabkommens, die am Rande einer Anti-TTIP-Demonstration in Frankfurt ihre Gegenposition artikulieren wollten. Wer sich jedoch Linksradikalen in den Weg stellt, muss sich fürchten. Wo die Antifa aufmarschiert, herrscht „Alarmstufe Rot". Das Ordnungsamt widerrief daher kurzfristig die Genehmigung für den Informationsstand. Die Sorge war groß, dass Standteilnehmer Schaden nehmen könnten, würden sie den radikalisierten Teil der 25.000 TTIP-Gegner mit ihrer Meinung „provozieren".

Längst sieht sich die Polizei nicht mehr imstande, die Sicherheit und Ordnung zu gewährleisten, wenn sich zu allem bereite Schläger und Steinewerfer unter linke Demonstranten mischen. In Frankfurt blieb es gottlob ruhig, weil die Einsatzkräfte den hochgefährlichen „Schwarzen Block" in enge Manndeckung nahmen und auch einige rechte Wirrköpfe frühzeitig ins Abseits stellten. Hätte man den Stand also erlauben sollen? Niemand kann sagen, ob nicht auch unter den übrigen Teilnehmern manchem die Sicherung durchgebrannt wäre, hätte er leibhaftig eine Gruppe von Menschen zu Gesicht bekommen, die sich auf die Seite seines Feindbildes stellen.

Man kann zu TTIP und CETA stehen, wie man will – auch ich sehe einigen Nachbesserungsbedarf, vor allem im Bereich der Schiedsgerichte, die öffentlich und nach gemeinsam verabredeten Regeln tagen müssen. Freihandelsabkommen sind aber grundsätzlich zu begrüßen und in einer globalisierten Welt auch unerlässlich. Sie müssen allerdings zu Bedingungen abgeschlossen werden, die für beide Seiten fair und transparent sind. Vor allem muss gewährleistet sein, dass hiesige Verbraucher und Unternehmer nicht schlechter gestellt werden als zuvor. Es ist daher gut, dass Menschen ihr Recht wahrnehmen, öffentlich kundzutun, wenn sie eine solche Schlechterstellung befürchten. Und es gehört ganz zweifellos zum demokratischen Selbstverständnis, auch scheinbar unbegründete Sorgen ernst zu nehmen und zu diskutieren.

Wenn in einem ansonsten wenig demonstrationsfreudigen Land in einem Dutzend Großstädte insgesamt Hunderttausende auf die Straße gehen, muss man dies ernst nehmen und sich damit auseinandersetzen. Umso wichtiger wäre es gewesen, ein Diskussionsangebot an Ort und Stelle zu schaffen, um die gegensätzlichen Positionen zu erörtern. Dabei ist es durchaus nachvollziehbar, wenn die Skepsis überwiegt, ob wirklich die Interessen der Verbraucher gleichgewichtig neben allen anderen Interessen stehen. Die Absage des Informationsstands zeugt von der Kapitulation des Staates vor einer Gruppierung, die immer besser organisiert, immer präsenter und immer skrupelloser erscheint.

Man muss nicht lange nach Gründen für diese Entwicklung suchen. Viel zu lange schon werden die Aktivitäten radikaler Linker heruntergespielt, statistisch verschleiert oder sogar als notwendiger Kampf gegen rechts geadelt. Dabei sind Linksextreme nicht weniger staatsfeindlich als ihre Pendants vom extremen rechten Rand. Sie sind jedoch medial und politisch akzeptiert, was in der Berichterstattung ebenso zum Ausdruck kommt, wie in der Tatsache, dass kaum jemand Anstoß an den radikalisierten Zellen der linken und grünen Jugendorganisationen nimmt. Zu allem Überfluss werden Vereinigungen staatlich alimentiert, die eine erschreckende Nähe zum Linksextremismus aufweisen und unverhohlen mit diesem sympathisieren.

Die Etablierung einer neuen Partei rechts vom aktuellen Spektrum hat auch damit zu tun, dass viele Bürger diese Schieflage in der politischen Bewertung nicht mehr länger hinnehmen möchten. Die politisch Verantwortlichen täten gut daran, dem medialen Druck zu trotzen und sich endlich klar gegen jegliche Demokratiefeinde am linken Rand abzugrenzen. Wer zu feige ist ein „Bündnis gegen links" zu schmieden, sollte anschließend nicht darüber jammern, dass man ihm nahelegt, seine grundgesetzlich verbrieften Rechte lieber der eigenen Unversehrtheit unterzuordnen.

Menschen brauchen Märchen
Warum es brave Linksextremisten gibt

In Deutschland macht ein Märchen die Runde. Es handelt vom braven Linksextremismus. So oft wird es erzählt, dass jedes Kind es kennt. Wenn in der Schule nach dem Märchen gefragt wird, springen die Kinder auf, denn jeder weiß etwas dazu zu sagen. Und manch einer kann es gar auswendig vortragen. Völlig fehlerfrei. Der Lehrer freut sich dann immer, dass jemand besonders gut aufgepasst hat. Aber nicht nur die Kinder erzählen sich das Märchen, auch die Erwachsenen tun das. Und wenn die mal nicht mehr wissen, wie es genau geht, sagen es ihnen die lieben Lehrer. Weil Erwachsene aber keine Zeit haben, zur Schule zu gehen, arbeiten ihre Lehrer bei den Zeitungen, beim Fernsehen und natürlich in der Politik.

Die Erwachsenen freuen sich, dass ihnen jemand beim Lernen hilft und klatschen ganz begeistert, wenn sie im Fernsehen brave Linksextremisten sehen. Die heißen dort allerdings nicht so. Man nennt sie Aktivisten, weil sonst jemand denken könnte, die wären gar nicht brav. Extremisten sind ja die anderen, also die von rechts. Mit denen möchte man sie nicht in einen Topf werfen. Kinder könnten sonst fragen, warum man nur über die einen schimpft, aber nicht über die anderen. Und der Lehrer wüsste dann nicht, was er sagen sollte. Falls doch mal jemand misstrauisch wird, erklärt er, dass genau notiert wird, wenn einer etwas Böses macht.

Er sagt dann, dass das bei den Extremisten (also den bösen Rechten) ganz oft passiert, bei den Aktivisten (also den braven Linken) aber nicht. Und wenn man mal nicht weiß, wer hinter einer bösen Tat steckt, schreibt man sie sicherheitshalber bei den Extremisten auf, hat uns jetzt der Herr Woidke von der SPD erklärt. Der ist der wichtigste Lehrer in einem Bundesland und muss es wissen. In der Statistik steht natürlich auch drin, wenn ein Aktivist mal nicht so brav war. Blöd nur, dass irgendwann einer festgestellt hat, dass die Aktivisten ja ganz schön oft über die Stränge schlagen und gar nicht besser sind als die Extremisten. Das gefiel den Lehrern gar nicht. Deshalb dachten sie sich ganz viele verschiedene Sachen aus, die nur böse Rechte falsch machen können, brave Linke aber nicht.

Dadurch können sie bei den Extremisten total viel aufschreiben. Bei den Aktivisten passiert das nur, wenn die wirklich mal was ganz, ganz Schlimmes machen. Jetzt hat sich der Chef der Statistik-Aufschreiber in Sachsen bei den anderen Lehrern richtig unbeliebt gemacht. Er hat einfach gesagt, dass das mit den braven Linken gar nicht stimmt und dass die bei ihm zuhause zuletzt viel unartiger waren als die Extremisten. Fast doppelt so oft wie im letzten Jahr musste er sie diesmal aufschreiben. Er habe Angst vor den Aktivisten, die ja in Wahrheit auch Extremisten seien. Man dürfe das Märchen vom braven Linksextremismus nicht mehr länger erzählen und die Aktivisten auch nicht mehr unterstützen, forderte er.

Die anderen Lehrer tuscheln seither über ihn und fragen sich, wieso er sich nicht einen anderen Beruf sucht, wenn er nicht an ihr Märchen glaubt. Manche sagen, er käme ja aus dem Teil Deutschlands, in dem viele gar keine Lust haben, das Märchen weiterzuerzählen. Wer in dieser Gegend wohnt, ist den Lehrern suspekt. Sie kamen daher auf die Idee, einfach alle zu den bösen Rechten zu zähen, die dort wohnen. Das funktionierte eine Weile, bis immer mehr Leute sich dagegen wehrten. Sie wurden aber von den Lehrern so lange beschimpft, dass sich immer weniger von ihnen trauten, zu protestieren. Außerdem hatten sie Angst, dass die Aktivisten ihnen weh tun. Die machen das nämlich gerne, wenn jemand nicht ihrer Meinung ist. Dann tun die Lehrer, als hätten sie nichts mitbekommen.

Der Staat gibt den Aktivisten übrigens Geld. Er macht das aus der Kasse, in die alle Bürger einzahlen müssen. Manchmal helfen ihm einige der Parteien dabei, aber die kriegen ihr Geld auch vom Staat, also von den Bürgern. Die Aktivisten zahlen wenig in die Kasse ein. Sie haben nämlich meistens keine Lust zum Arbeiten und müssen deshalb keine Steuern auf ihr Einkommen bezahlen. Und so haben sie Zeit und Geld, um viel zu reisen und nach Extremisten zu suchen, die sie dann mit Steinen bewerfen, damit die aufhören, schlimme Sachen zu machen. Die Lehrer finden das zwar manchmal doch nicht so gut, freuen sich aber, dass die Aktivisten etwas zu tun haben. Und die Menschen in Deutschland freuen sich, dass es ein so schönes Märchen gibt, an das sie glauben können...

Tauber auf Pofallas Spuren
Wenn „Arschlöcher", die „Fresse" halten sollen

Für die Headline bitte ich um Nachsicht. Die Wortwahl entspricht natürlich nicht meiner gewohnten Ausdrucksweise. Doch leider muss man die Handelnden wörtlich zitieren, will man das ganze Ausmaß der Verkommenheit einer berufspolitischen Kaste aufzeigen, die nur noch das Stilmittel der Beleidigung zu kennen scheint. Ihr Gegner ist jeder, der sich der Führungsideologie nicht fügt, Wähler ebenso wie Parteimitglieder. Sieben Jahrzehnte nach dem demokratischen Neustart Deutschlands ist die Demokratie nicht nur *durch* die Parteien in der Krise, sondern auch *in* den Parteien. Wer von der Linie abweicht, wird eingeschüchtert, ausgegrenzt und abserviert.

Immer wieder fällt dabei auch CDU-Generalsekretär Peter Tauber unangenehm auf. Seit fast drei Jahren darf er sich an seiner Aufgabe versuchen und wirkt zunehmend hilflos. Nur die unverbrüchliche Treue zur Kanzlerin, der er auf allen Irrwegen folgt, hält ihn im Amt. Der gebürtige Frankfurter mit der klassischen Karriere politischer Zöglinge suchte früh den Weg in die bezahlte Politik. Ein Gewächs aus der eigenen Kaderschmiede, Parteisoldat vom Scheitel bis zur Sohle. Wer so gestrickt ist, verspürt wenig Toleranz für Andersdenkende und erwartet bedingungslosen Gehorsam. Der Bundestagsabgeordnete beschimpft jeden, der sich gegen die Kanzlerin stellt. Gerne bezeichnet er Abweichler schon mal als „Arschlöcher".

Es ist kaum ein Dreivierteljahr her, dass Tauber auf dem Höhepunkt der Zuwanderungskrise einen Kritiker in den sozialen Netzwerken öffentlich mit seinem Lieblingswort abkanzelte. Der hatte sich nach dem Geisteszustand der Kanzlerin erkundigt und gefragt, wie lange die von ihm vermutete Umnachtung denn schon andauere. Nun ist dies sicher keine schmeichelhafte Einlassung, die man als Generalsekretär auch keinesfalls kommentarlos hinzunehmen braucht. Doch Taubers wenig souveräne Reaktion offenbart die Dünnhäutigkeit und Überforderung des Geschichtslehrers, der im öffentlichen Auftritt stets bemüht vorbildlich wirkt.

Nun ist eine weitere Entgleisung Taubers bekanntgeworden. Auch dabei ging es um die Flüchtlingspolitik. Zwar kann er sich angeblich an die Verwendung seines bevorzugten Kraftausdrucks nicht erinnern, doch gibt es offenbar keinen Zweifel daran, dass der langjährige Kommunalpolitiker schon im November 2015 gegen Parteikollegen der Basis ausfällig geworden war. In einer internen Debatte zur Parteireform soll er Kritiker des Kanzlerkurses angebrüllt haben, wer nicht für Angela Merkel sei, „ist ein Arschloch und kann gehen." Die unflätigen Beschimpfungen scheinen zum Standardrepertoire des Merkel-Getreuen zu gehören. Im Februar hatte Tauber einen Twitter-User als „Drecksnazi" bezeichnet, was ebenfalls nicht gerade von großer Klasse und Souveränität zeugt. Nun also ließen einige „Parteifreunde" den November-Eklat durchsickern.

Natürlich ist die Veröffentlichung des weit zurückliegenden Vorgangs kein Zufall. Tauber steht seit Wochen heftig in der Kritik. Auch aus seinem eigenen Kreisverband, den er bis 2014 leitete. Dort soll er Mitautor einer Mobbing-Anleitung gewesen sein, die detaillierte Anweisungen dazu enthielt, wie man unliebsame Mitarbeiter aus dem Amt scheucht. Selbstverständlich bestreitet der Gescholtene, an der gegen die damalige Kreisgeschäftsführerin gerichteten „Operation Kaninchenjagd" mitgewirkt zu haben. Er gibt aber seine Mitwisserschaft zu, was tief blicken lässt.

Auch aktuell macht der CDU-General keine gute Figur. Sein Agieren in der bizarren Sexismus-Affäre der Berliner CDU hat ihn noch angreifbarer gemacht. Im Zentrum steht dabei die profilierungssüchtige Politkarrieristin Jenna Behrends. Von ihr ließ sich auch der 42-Jährige in die Schlammschlacht hineinziehen. Behrends steht für eine Berufspolitikergeneration aus den Parteikaderschmieden, die sich zwar einer gepflegten Sprache befleißigt und politisch stets korrekt daherkommt, vom ergebnisoffenen Diskurs aber so wenig hält wie die Taubers und Pofallas. Mit dieser jungen Generation wird sich die Krise der Parteien weiter zuspitzen. Das System muss daher grundlegend reformiert werden, um nicht mehr so viele anzulocken, die Demokratie nur so lange gut finden, bis sie ihnen ein bezahltes Mandat beschert hat. In der Kürzung der Diäten und dem Abschmelzen der staatlichen Parteienfinanzierung liegt der Schlüssel für mehr Demokratie.

Der verbotene Handschlag
Wenn der Islam Frauen zu Männern erklärt

Hoppala, das ging ganz schön nach hinten los. Da wollten die Hardliner im Iran Stimmung gegen den im Frühjahr zur Wiederwahl stehenden Präsidenten Rohani machen und machten sich doch nur lächerlich. Leidtragende der Posse ist Deutschlands Umweltministerin. Man muss Barbara Hendricks ja nicht mögen, aber das hat sie nicht verdient. Und auch ihre zu Unrecht gescholtene iranische Kollegin kann einem leidtun. Massumeh Ebtekar, Vizepräsidentin und Leiterin der Umweltbehörde ihres Landes, hatte Hendricks bei einem Treffen in Berlin per Handschlag begrüßt – und wurde dafür von Teilen der iranischen Medien heftig kritisiert.

Grund war die von der staatlichen Rundfunkgesellschaft *Islamic Republic of Iran Broadcasting* (IRIB) verbreitete Falschmeldung, Ebtekar habe einem Mann die Hand gegeben – für Muslima ein unverzeihliches Vergehen. Wie ein Lauffeuer verbreitete sich der vermeintliche Skandal, bevor das peinliche „Missverständnis" aufgeklärt wurde. Doch die Korrektur der iranischen Nachrichtenagentur Tasnim war alles andere als schmeichelhaft: Bei der Person, der Ektebar die Hand geschüttelt habe, handele es sich um eine Frau, auch wenn diese „wie ein Mann aussieht", ließ die Agentur verlautbaren. Man weiß nicht, ob man sich mehr für die ursprüngliche Falschmeldung oder die anschließende Richtigstellung fremdschämen soll.

Es drängt sich der Verdacht auf, dass der IRIB-Meldung nicht bloß ein Versehen zugrunde lag, denn den erzkonservativen Verantwortlichen des iranischen Staatsfernsehens ist ihr gemäßigter Präsident ein Dorn im Auge. Zu viel Einfluss haben sie seit der bitteren Schlappe der religiösen Hardliner bei den jüngsten Parlamentswahlen verloren. Da möchte man jede noch so absurde Gelegenheit nutzen, um die politische Führung des Landes zu diskreditieren, die wie lange keine iranische Regierung zuvor den Dialog mit den westlichen Mächten sucht, um den Iran international wieder salonfähig zu machen.

Rohani, der 2003 als iranischer Chefunterhändler berufen worden war, gilt als einer der frühen Architekten der Einigung im 13-jährigen Atomstreit mit dem Westen. Zwar wurde er nach der Amtsübernahme seines Vorgängers im Präsidentenamt, Mahmud Ahmadinedschad, schon nach zwei Jahren auf seinem Posten ersetzt, doch hatte er mit taktischem Geschick die Grundlage für die Annäherung der Parteien gelegt und die seinerzeitige Einschaltung des UN-Sicherheitsrates abgewendet. Dem Iran bekommt es gut, dass Rohani, der „Besonnenheit und Hoffnung" als Motto seiner Regierung ausgegeben hat, nach der martialischen Rhetorik Ahmadinedschads deutlich zurückhaltendere Töne anschlägt. Dass der derbe Angriff auf seine Vertraute Ektebar ins Leere lief, schwächt die religiösen Fundamentalisten allerdings weiter und dürfte den innenpolitischen Ton bis zur kommenden Präsidentschaftswahl im Mai 2017 verschärfen.

Abseits der iranischen Innenpolitik verdeutlicht der „Handschlag-Skandal" einmal mehr, wie es im Islam nicht nur um das Frauenbild bestellt ist. Natürlich kann man das Händeschütteln unterlassen, etwa aus hygienischen Gründen. Vielleicht aber auch, weil man es aus der eigenen Kultur nicht kennt. Oder aber schlicht deshalb, weil man jemanden nicht mag. Stets ist dies dann allerdings eine ganz persönliche Entscheidung. So, wie es eine ganz persönliche Entscheidung sein sollte, ob man sich als Frau verschleiert und wen man zum Ehemann nimmt, wenn man denn überhaupt mag. Doch solange der Islam sein mittelalterliches Frauenbild nicht ablegt, kann er keinen gleichberechtigten Platz in der aufgeklärten westlichen Hemisphäre beanspruchen.

Denn einer Religion, die Frauen den Händedruck verbietet, fehlt es an der wesentlichen Grundlage des gedeihlichen Zusammenlebens: Dem Respekt vor dem Einzelnen. Statt es Muslimas selbst zu überlassen, ob und wem sie die Hand geben, verhindert der Islam die Darbietung einer weithin als Zeichen der Freundschaft und der Verständigung bekannten Geste. Und er zwingt Frauen dazu, ihr männliches Gegenüber zu brüskieren. Statt sich dieser Ideologie entgegenzustellen, schweigt der Westen, weil er es sich mit seinen strategischen Partnern in der islamischen Welt nicht verderben will. Die Posse um den vermuteten Händedruck einer Frau mit einem Mann zeigt, dass der Islam noch einen weiten Weg vor sich hat. Die Politik sollte dies bei allem, was sie tut, berücksichtigen.

Mogelpackung Finanzreform
Noch mehr Geld aus Bayern für Berlin

Die Neuordnung der Länderfinanzströme ist beschlossen; überall Sieger, wohin man auch blickt: Geberländer, die künftig angeblich keine mehr sind, und Nehmerländer, die weiterhin großzügig alimentiert werden. Und auch der Bund fühlt sich als Gewinner, der zwar tiefer in die Tasche greift als ursprünglich geplant, aber ohnehin kein Problem mit dem Geldausgeben hat, wurden die ab 2020 fälligen 9,5 Mrd. Euro pro Jahr nach dem Wirtschaftsverständnis des Bundesjustizministers doch „in diesem Land erwirtschaftet und niemandem weggenommen".

Als am Donnerstag die ersten Meldungen zur vermeintlichen Abschaffung des Länderfinanzausgleichs über den Ticker gingen und die Begeisterung bei allen Verhandlungspartnern keine Grenzen kannte, schwante dem neutralen Beobachter bereits, dass es hier auch irgendwelche Verlierer geben müsse. Diese sind schnell auszumachen: Es sind – einmal mehr – die Steuerzahler. Der auch von vielen Medien beklatschte Kompromiss ist nämlich ein Bluff. Und man fragt sich, ob es pure Unbedarftheit ist, die Journalisten behaupten lässt, es gäbe demnächst keine Geberländer mehr, oder der perfide Versuch, die Leser zu täuschen. Denn am grundsätzlichen Umverteilungsprinzip hat sich nichts geändert, nur der Modus wird neu geregelt. Die Zahlmeister bleiben dieselben, wobei die Zahlungen künftig über den Bund abgewickelt werden.

Warum sich vor allem Bayern zufrieden über die Neuregelung zeigt, ist klar: Horst Seehofer muss seinen Wählern eine deftige Niederlage als Sieg verkaufen. Angeblich, so Seehofer, habe er sein Versprechen eingelöst, die „Bayern-Milliarde" zurückzuholen. In Wahrheit wird der Freistaat aber auch nach 2020 der größte Mäzen der Republik bleiben. Abgeschafft wird nämlich nur der sogenannte horizontale Länderfinanzausgleich, also die Zahlungen der Bundesländer untereinander. Künftig erfolgt dieser Ausgleich vor allem über die Umsatzsteuer, die nicht mehr, wie bisher, zunächst den Ländern zufließen, sondern auf Bundesebene gebündelt und verrechnet wird.

Unter dem Strich wird es dabei für die Geberländer keineswegs billiger. Ganz im Gegenteil: Durch die Dynamisierung eines Teils der Mittelflüsse werden Bayern, Baden-Württemberg und Hessen stetig mehr berappen müssen. Zudem wurde der Kompromiss aus Sicht der Bundesländer teuer erkauft: Denn zur Vereinbarung gehört auch, dass diese eigene Kompetenzen an den Bund abtreten müssen. So soll es künftig eine Bundesgesellschaft geben, um Investitionen ins Fernstraßennetz zu bündeln und teure Ineffizienzen zu reduzieren. Der Bund wird dann von der Finanzierung über die Planung und den Bau bis zum Erhalt alleinverantwortlich sein. Dass eine zusätzliche Bundesbehörde, die auch weiterhin Koordinierungsstellen auf Länderebene benötigt, tatsächlich Einsparungen für den Steuerzahler bedeutet, darf allerdings bezweifelt werden.

Die Länder verlieren aber nicht nur Kompetenzen, sondern müssen bisher durch den Bund finanzierte Kosten künftig selbst stemmen. So zahlen sie mehr als ein Fünftel der Bundeszuweisung aus bisherigen Umsatzsteuerzuflüssen selbst und müssen den Bundesanteil der sogenannten Unterhaltsvorschüsse an Mütter ohne zahlungskräftige oder -willige Väter tragen. Doch unter den vielen vermeintlichen Siegern gibt es auch wirkliche Gewinner: Von der Reform des Finanzausgleichs profitieren besonders die Stadtstaaten, allen voran das hochverschuldete Berlin. Fast 500 Millionen Euro erhält der schon jetzt mit insgesamt nahezu sechs Milliarden Euro subventionierte Schuldenkrösus ab 2020 zusätzlich. Und die Dynamisierung sorgt dafür, dass die Beträge danach jährlich immer weiter ansteigen. Auch die übrigen großen Schuldenmacher dürfen sich künftig über mehr Geld freuen.

Dass die zusätzlichen Kompetenzen für den Bundesrechnungshof für ein maßvolleres Haushalten sorgen werden, kann nur glauben, wer im Wolkenkuckucksheim der Berufspolitik sitzt. In Deutschland wird das aus Europa bekannte Prinzip der zentralen Umverteilung eingeführt. Es verringert die Transparenz, belohnt das Schuldenmachen und schafft jegliche Anreize zum Maßhalten ab. Mit der Neuordnung der Länderfinanzbeziehungen ab 2020 wurde die historische Chance zur Umkehr verpasst, um künftigen Generationen nicht immer größere Hypotheken aufzubürden. Darüber kann weder der inszenierte Jubel, noch der bestellte Beifall hinwegtäuschen.

Das Sprechverbot
Der Kampf der Linken gegen „falsche" Meinungen

Jörg Baberowski ist ein ehrenwerter Mann. Der Professor der Berliner Humboldt-Universität genießt in Fachkreisen einen hervorragenden Ruf. Er hat sich vor allem mit seinen Arbeiten zum Stalinismus einen Namen gemacht. Im Jahr 2012 wurde er von der Leipziger Buchmesse für seine Studie „Verbrannte Erde – Stalins Herrschaft der Gewalt" ausgezeichnet. Angesehene Verlage schmücken sich mit dem renommierten Historiker. Doch linken Aktivisten ist der streitbare 55-Jährige ein Dorn im Auge.

Sie ertragen es nicht, dass Prof. Baberowski unbequeme Wahrheiten ausspricht. Besonders unter linkem Beschuss steht er, seit er es wagte, Merkels Einladung an die Wanderungswilligen der Welt zu kritisieren. Baberowski gehört zu der wachsenden Schar derer, die eine restriktivere Asylpolitik fordern und auf eine Unterscheidung von Flüchtlingen und Zuwanderern pochen. Schon kurz nach der verhängnisvollen Alleinentscheidung der Kanzlerin stellte Baberowski fest, dass eine wesentliche Voraussetzung für das Gelingen von Integration darin bestehe, den Unterschied zwischen Asyl und Migration zu kennen. Wer gefühlsbesoffen allen Neuankömmlingen die Segnungen des für Notfälle gedachten Asylrechts zukommen lasse, verhalte sich ungerecht gegenüber den verschiedenen gesellschaftlichen Gruppen, die der Aufmerksamkeit durch die Solidargemeinschaft ebenfalls bedürften.

Das breite Spektrum antifaschistischer Initiativen erklärte Jörg Baberowski darauf zur unerwünschten Person. Wer es wagt, die Willkommensparty der selbsternannten Tugendhaften zu stören, hat im öffentlichen Diskurs nichts mehr zu suchen. Und wer sich nicht kleinlaut trollt, wenn ihm der linke Meinungskanon den Platz weist, bekommt das ganze Arsenal antifaschistischer Artillerie zu spüren. Denunziation, Einschüchterung und Verleumdung sind dabei oft nur der harmlose Anfang. Im Fall Baberowskis reichte dies, um eine Vortragsveranstaltung an der Bremer Universität zu sabotieren. Eingeladen hatte die Konrad-Adenauer-Stiftung, die ganz sicher nicht im Verdacht steht, rechten Parolenschwingern die Tür aufzuhalten.

Der Osteuropa-Experte wollte am vergangenen Donnerstag mit Studenten über das Phänomen der Gewalt in Geschichte und Gegenwart diskutieren. Doch der Auftritt musste kurzerhand aus der Uni in die sicheren Räumlichkeiten der Stiftung verlegt werden. Der Allgemeine Studentenausschuss der Uni (AStA) hatte massiv Stimmung gegen den Historiker gemacht und Studenten öffentlich zum Widerstand aufgerufen. So aggressiv war der auf der AStA-Website verfasste Appell, dass der Staatsschutz der Stiftung empfahl, die Veranstaltung abzusagen. Um aber nicht ganz vor dem linken Mob zu kapitulieren, entschied man sich für die räumliche Verlegung. Der Vorfall reiht sich ein in eine Kette ähnlicher Vorkommnisse, bei denen linke und linksextreme Gruppen Andersdenkende einschüchtern, um deren öffentliche Auftritte zu verhindern.

Immer geht es dabei vorgeblich um den Kampf gegen rechts, unter dem sich praktisch alles subsummieren lässt. Baberowski unterstellt die Bremer Studentenvertretung, ein „rechtsextremer Ideologe" zu sein, der „mit seinen rechtspopulistischen Thesen die Grenze zur Hetze deutlich überschritten" habe. Es ist allerdings bezeichnend, dass die Tugendwächter ihre eigenen bösartigen Verleumdungen ganz und gar nicht als Hetze verstanden wissen wollen. Immerhin behaupten sie auf ihrer Homepage, Baberowski habe „in der jüngeren Vergangenheit wiederholt gewalttätige Ausschreitungen gegen Geflüchtete und Anschläge auf deren Unterkünfte gerechtfertigt".

Die Leitung der Bremer Uni sah sich übrigens nicht veranlasst einzugreifen, wobei sich die Frage stellt, ob sie ebenfalls bereits eingeschüchtert ist, oder aber das AStA-Treiben stillschweigend gutheißt. Sie macht sich damit zum Komplizen eines Zeitgeistes, der immer aggressiver und unverhohlener agiert. Lassen wir nicht zu, dass Aufrufe zur Stigmatisierung und Sprechverbote das Land ein drittes Mal in einhundert Jahren vergiften. Die jüngere deutsche Geschichte lehrt uns hierzu eine Menge. Vielleicht ist auch das ein Grund, warum linke „Aktivisten" Historiker so ungern zu Wort kommen lassen wollen...

Staatsfunk mit Zwang
Die Angst vor dem Verlust der Hofberichterstatter

Die Kommission zur Ermittlung des Finanzbedarfs der Rundfunkanstalten (KEF) ist eine der weniger bekannten staatlichen Einrichtungen unsere Landes. Doch alle zwei Jahre steht sie im Fokus, wenn sie sich mit der Finanzierung des öffentlich-rechtlichen Rundfunks befasst. Die aus handverlesenen Vertretern aller Bundesländer gebildete Kommission empfiehlt dann gerne mal, den Bürgern noch mehr Geld abzuknöpfen. Ein einziges Mal wurde die Gebühr in ihrer mehr als 60-jährigen Geschichte gesenkt – ansonsten ging es stetig bergauf. Gut acht Milliarden Euro pro Jahr nehmen die staatlichen Sender heute ein, von denen mehr als 70% an die Anstalten der ARD fließen. Höchste Zeit also, wieder einmal genauer hinzuschauen.

Dies tat die KEF und kam zu dem Schluss, dass die satten Überschüsse zu einer weiteren Senkung der Rundfunkbeiträge führen müssten. Zwar nur um 30 Cent pro Monat wollte man die Bürger entlasten, doch selbst dieser Geste des guten Willens verweigerten sich die Ministerpräsidenten. Stattdessen sollen Rücklagen aufgebaut werden, oder anders gesagt: Eine teilweise Rückgabe der zu viel erhobenen Gebühren an die Beitragszahler würde künftig ein sparsameres Haushalten erfordern. Und das will offenbar niemand in der Politik, obwohl die KEF schon im Februar die Alarmglocken hatte läuten lassen.

Sie hatte angesichts der exzessiven Ausgabenpolitik der öffentlich-rechtlichen Sender vor einem baldigen Anstieg des Monatsbeitrags auf mehr als 19 Euro gewarnt. Die Verantwortlichen wollen jedoch lieber heute das Geld eintreiben, das ihnen in vier Jahren fehlt. Wie immer und überall, wo Politiker verantwortlich zeichnen, kommt den Handelnden das Sparen gar nicht erst in den Sinn. Statt sich der Kostenseite zu widmen, wird munter die Einnahmeseite immer weiter erhöht – mit Zwangsgebühren, Steuern und Abgaben, gegen die sich die Bürger nicht wehren können. Besonders pikant dabei ist, dass etwa bei der ARD mit 2,4 Mrd. Euro pro Jahr nur noch rund 40% der Einnahmen ins Programm fließen; fast ebenso hoch sind die Kosten für Personal und Pensionäre. Die KEF stellt „starke Einsparungen der ARD im Programmaufwand" fest, während man den Personalaufwand „deutlich" überschreite.

Doch Selbstkritik ist wieder einmal Fehlanzeige. Lieber holt ARD-Chefin Karola Wille zum Gegenangriff aus: Sie fordert nicht nur eine Erhöhung, sondern gar die Festschreibung einer Dynamik durch die Kopplung der Beiträge an das Bruttoinlandsprodukt. Auf diese Weise soll künftig die lästige Diskussion vermieden werden – ein Trick, der bereits seit Jahren bei der fortlaufenden Anhebung der Diäten für Bundestagsabgeordnete angewendet wird und ab 2020 auch beim Länderfinanzausgleich zum Einsatz kommt. So will man sich hartnäckige Kritiker vom Hals halten.

Die Zwangsfinanzierung des Staatsfunks ist ein Relikt aus der Nachkriegszeit. Sie sollte damals dafür sorgen, einen leistungsfähigen Rundfunkapparat aufzubauen. Im 21. Jahrhundert hat sich dieses Modell allerdings längst überlebt. Die inzwischen verniedlichend „Rundfunkbeitrag" getaufte Zwangsabgabe hat – ähnlich der Sektsteuer – ihr Eigenleben entwickelt, das nicht mehr viel mit dem Ursprungsgedanken ihrer Erhebung zu tun hat. Veränderte Nutzungsgewohnheiten, ein breiter Markt sehr unterschiedlicher Informationskanäle sowie eine mit Vollprogrammen daher kommende private Konkurrenz liefern den Verfechtern zwangsfinanzierter Staatsmedien nicht mehr viele Argumente.

Doch um Sachanliegen dürfte es sich auch kaum handeln. Vielmehr bieten nur die Öffentlich-Rechtlichen der Berufspolitik die Plattform für einen entrückten, selbstreferentiellen Parteienstaat, der aufdringlich wie nie zuvor in das Leben der Bürger hineinregiert. Es scheint beim verbissenen Kampf für das zwangsfinanzierte Staatsfernsehen vor allem um die Angst vor dem Verlust von Macht und Einfluss zu gehen. Und ohne Staatsfunk ließe sich die Erziehung der Gesellschaft nicht mehr sicherstellen. Doch immer mehr Bürger emanzipieren sich trotz des Zahlungszwangs von einer politisch-medialen Kaste, der sie einfach nicht mehr vertrauen. Zum Glück kann niemand die Menschen zum Zuschauen zwingen. Wenn es in ihrer Macht stünde, würde die Berufspolitik wohl auch davor nicht zurückschrecken.

Im Namen des Islam
Die fehlbesetzte Integrationsbeauftragte Özoğuz

Deutschland hat eine Integrationsbeauftragte. Seit 2005 sitzt sie im Kanzleramt. Eine der ersten Amtshandlungen Angela Merkels als Kanzlerin war es, die *Beauftragte der Bundesregierung für Migration, Flüchtlinge und Integration* zur Staatsministerin aufzuwerten. Seit Ende 2013 ist Aydan Özoğuz als Integrationsbeauftragte für die Förderung des interkulturellen Dialogs zuständig. Doch während Vorgängerin Maria Böhmer vor allem das freundliche Gesicht vieler Integrationskampagnen war, versteht Özoğuz ihr Amt als zutiefst politische Mission. Sie setzt sich dadurch dem Vorwurf aus, als Sprachrohr von Islamverbänden zu agieren und das Thema Integration auf muslimische Interessen zu verengen.

Ohnehin stellt sich die Frage, ob es für Einwanderer aus nicht-muslimischen Ländern überhaupt einer Integrationsbeauftragten bedarf. Denn es sind neben einigen seit vielen Jahren bei uns lebenden muslimischen Integrationsverweigerern vor allem arabischstämmige Zuwanderer, derer sich die Beauftragte anzunehmen hat. Vom importierten Antisemitismus über die mangelnde Akzeptanz der deutschen Rechtsprechung bis hin zum rückständigen Frauenbild gibt es dabei eine breite Palette an Herausforderungen, die eine Integrationsbeauftragte rund um die Uhr beschäftigen müssten. Doch Özoğuz ist offenbar zu sehr mit ihrem Bundestagsmandat beschäftigt.

Die SPD-Politikerin beschränkt sich in ihrem Nebenjob im Kanzleramt auf jene Themen, mit denen sie bei bestimmten muslimischen Gruppen punkten kann. Tat sie dies für den Durchschnittsbürger lange Zeit unterhalb der Wahrnehmungsschwelle, so hat sie nun ein breites Publikum erreicht – und einhellige Empörung hervorgerufen. Denn Özoğuz will die vom Islam akzeptierten sogenannten Kinderehen nicht grundsätzlich verbieten. Sie hält es für richtig, diese auch in Deutschland zuzulassen, weil ein Verbot „junge Frauen ins Abseits drängen" könne. Die Tochter türkischer Gastarbeiter verweist dabei auf den drohenden Verlust von Unterhalts- und Erbansprüchen sowie die Folgen für die unehelichen Kinder aus annullierten Ehen.

Die Argumente scheinen vorgeschoben, könnte die Politik doch mit Leichtigkeit Härtefallregelungen für betroffene Mädchen schaffen. Özoğuz stellt sich damit hinter ihren Parteikollegen Heiko Maas. Dieser hatte sich ebenfalls nicht zu einer klaren Positionierung gegen den staatlich legitimierten Kindesmissbrauch durchringen können. Erst nach stürmischen Protesten ruderte der Bundesjustizminister zurück, ohne sich jedoch letztlich eindeutig gegen das Ansinnen auszusprechen, minderjährige Mädchen alten Männern als Lustobjekt auszuliefern. Lediglich Zwangsehen will Maas verbieten, ohne zu sagen, woran er eine solche erkennen könne. Offenbar sorgt sich die SPD eher um den Verlust eines Teils ihrer Wählerschaft als um den Schutz junger Mädchen.

Unterdessen lohnt ein genauerer Blick auf die Integrationsbeauftragte der Bundesregierung. Özoğuz, die im Mai mit der öffentlichen Distanzierung von der Armenien-Resolution des Bundestags aufgefallen war, ist eine veritable Fehlbesetzung für das Amt. Dies nicht nur aufgrund der Einseitigkeit, mit der sie ihre Aufgabe wahrnimmt, sondern auch wegen ihrer beiden Brüder Yavuz und Gürhan. Diese betreiben ein islamistisches Internetportal, dem der Verfassungsschutz schon 2004 vorwarf, antizionistische und antiisraelische Propaganda direkt oder indirekt zu verbreiten.

In diesem Portal verteidigen die Brüder unter anderem die iranische *Konferenz von Holocaustleugnern* und bezeichnen extremistische Muslime als gesetzestreue Bürger. Die *Allgemeine Erklärung der Menschenrechte* lehnen sie ab, weil sich diese gegen Muslime wende und Christen bevorzuge. Zwar hat sich Özoğuz vom Wirken ihrer Brüder distanziert, doch stelle man sich einen Moment lang vor, diese betrieben ein rechtsextremes Hetzportal. Niemals hätte Özoğuz es auf die erste Sprosse der Politikleiter geschafft, geschweige denn auf einen Posten im Kanzleramt. Warum dies im Fall eines in Teilen islamistischen familiären Umfelds anders ist, will sich dem neutralen Beobachter nicht recht erschließen. So bleibt am Ende die bittere Erkenntnis, dass dieselben Politiker, die hysterisch vor rückwärtsgewandten Parolen neuer Parteien warnen, nichts dabei finden, dass in Deutschland Kinderehen wieder in Mode kommen könnten.

Vertauschte Rollen
Die besorgten Wutbürger sitzen nun im Bundestag

Ein Erdbeben hat die Welt erschüttert. Gerade erst hatte sich die europäische Berufspolitik vom Brexit-Votum der Briten erholt, da musste sie den nächsten Tiefschlag hinnehmen. Seit Mittwoch ist nichts mehr wie es war. Verantwortlich dafür ist ein Mann, den Medien und Meinungsforscher mit einem nie zuvor gekannten Aufwand am Einzug ins *Weiße Haus* hindern wollten. All ihren Bemühungen zum Trotz mussten sie im Morgengrauen des 9. November 2016 mit ansehen, wie Donald Trump triumphierte. In Brüssel, Paris und Berlin geht seither die Angst um, der „Trump-Effekt" könnte demnächst auch einen Teil der „politischen Elite" Europas hinwegfegen. Die Meinungsmacher aus Medien und Politik sorgen sich darum, dass ihre Hetze gegen unliebsame Ansichten und Personen beim Wahlvolk nicht mehr verfangen könnte.

Es ist ein Fingerzeig mit weitreichenden Folgen, dass in den Vereinigten Staaten das mediale Dauerfeuer gegen Trump wirkungslos blieb. Dementsprechend laut war der Aufschrei der politischen Klasse in Deutschland, die sich nach dem Wahldebakel für das politische Establishment einen Teufel um diplomatische Gepflogenheiten scherte. Noch steht der deutsche Michel mehrheitlich zu seinem Führungspersonal, wenn auch mit wachsendem Unbehagen, weil ihn zunehmend das Gefühl beschleicht, er spiele bei seinen Volksvertretern kaum noch eine Rolle.

Der Sieg Donald Trumps war absehbar. Hillary Clinton war schlichtweg die falsche Kandidatin. Im Kampf um das Präsidentenamt hätte sie wohl selbst gegen einen an der Wand lehnenden Besenstil verloren, ist das „System Clinton" doch allzu verhasst. Nichts könnte die Arroganz und Bürgerferne eines um sich selbst kreisenden politischen Establishments besser illustrieren als Hillary Clintons Nominierung. Auch hierzulande hat sich die politische Klasse in einer Parallelwelt eingerichtet, die mit dem Leben der Menschen, die sie angeblich vertritt, nur noch wenig zu tun hat. Dabei ertappt, beißt sie wild um sich, tritt nach Wählern und Gewählten.

Die jetzigen Reaktionen der europäischen Führungsriege erinnern an die üblen Tiraden gegen die Briten, als diese im Sommer mehrheitlich für den Austritt aus der Europäischen Union stimmten. Diesmal geht die aufgeschreckte „Politikelite" jedoch einen Schritt weiter: Sie beschränkt sich nicht mehr auf die vermeintlich folgenlose Diffamierung von Wählern, sondern richtet ihre Beleidigungen, Beschimpfungen und Belehrungen direkt an den designierten US-Präsidenten. Mit diesem Tabubruch macht sie salonfähig, wovor sie selbst doch die größte Angst hat: Nun ist von höchster politischer Stelle legitimiert, demokratisch gewählte Staatsoberhäupter herabzuwürdigen. Es wird Medien und Politik künftig noch schwerer fallen zu begründen, warum das Führungspersonal der deutschen Politik hiervon ausgenommen sein soll. Weinerlichkeit wird man sich jedenfalls nicht mehr leisten können.

In der aufgeheizten Diskussion geht so manche Tatsache unter. Statt das US-Wahlsystem infrage zu stellen und darauf zu verweisen, dass nur ein Viertel der Wahlberechtigten für Trump gestimmt habe (was übrigens ebenso für Hillary Clinton gilt), sollten hiesige Meinungsmacher den Blick auch einmal darauf lenken, dass Trump in 31 der 50 US-Staaten die Oberhand behalten und insgesamt 306 von 539 „Wahlmännern" gewonnen hat. Trotz Hillary Clintons Vorsprung bei der Gesamtstimmenzahl, der sich ohne die Hochburgen Kalifornien und New York in einen meilenweiten Rückstand verwandeln würde, hat der künftige US-Präsident einen turmhohen Sieg errungen.

Doch Fakten interessieren die besorgten Wutbürger nicht, die plötzlich nicht mehr auf den Straßen marschieren, sondern in den Redaktionen und Berufsparlamenten sitzen. Weil er anders als etwa der türkische Herrscher nicht ihrer Agenda nutzt, pöbeln sie hemmungslos gegen den „Ersten Mann" der USA und dessen Anhänger. Sie offenbaren dabei jenen Mangel an Demokratieverständnis, den sie einem Teil der deutschen Bevölkerung unterstellen. Vor allem aber befördern sie die Verrohung des politischen Diskurses, der sie doch angeblich so vehement entgegenwirken wollen. Die Masken der Scheinheiligen sind gefallen – wir Wähler haben aber genug Stil und Größe, den Bundestag nun nicht zu Dunkeldeutschland zu erklären.

Der Kungel-Club
Die Berufspolitik und ihre ängstliche Schafherde

Der Bundespräsident steht fest. Die drei Chefs der Regierungsparteien haben ihn gewählt. Nun geht es nur noch darum, die freiwerdende Stelle des Außenministers so zu besetzen, dass dies auch dem Kommissionspräsidenten der Europäischen Union gefällt. Was zählt, ist allein die Absicherung der Macht, und so will jede Rochade wohlüberlegt sein. Berufspolitik ist wie Schach: Es gibt Bauern, die man auch mal opfert, wenn es nutzt, es gibt Läufer, die für schnelle Erfolge auf den Flügeln sorgen, und es gibt die Dame, die um jeden Preis verteidigt werden muss, weil sonst Schachmatt droht. Blickt man auf den Zustand der CDU im Jahr der Bundestagswahl, hat die Analogie zum Schachspiel wohl selten besser gepasst.

So einfach ist Politik, wenn man den Wähler nicht mehr braucht. In Deutschland spielt dieser bei der Kür des Bundespräsidenten ohnehin keine Rolle. Gab es bis ins aktuelle Jahrtausend hinein für die Bundesversammlung wenigstens noch eine echte Wahl zwischen mindestens zwei profilierten Bewerbern, darf man von einem offenen Rennen mit unklarem Ausgang heute nur noch träumen. Wenn am 12. Februar 1.260 Wahlmänner und Wahlfrauen als Komparsen des scheindemokratischen Schauspiels in Berlin zusammenkommen, bildet diese handverlesene Schar von Abgeordneten und Parteifreunden nur die Kulisse für die Inthronisierung Frank-Walter Steinmeiers.

Die seit elf Jahren amtierende Kanzlerin, die nun also zum vierten Mal antreten wird, hat ein weiteres Politikfeld entdemokratisiert. Noch einmal wollte sich Merkel nicht düpieren lassen. 2012 musste sie zähneknirschend Joachim Gauck zur Wahl gratulieren, weil sie der Demokratie freien Lauf gelassen hatte. Zwar werten manche Kommentatoren die Vorfestlegung auf Steinmeier als Niederlage für die CDU-Vorsitzende, doch dürfte ihrem Nachgeben ein Plan zugrundeliegen. Die Neubesetzung des zwar höchsten, aber politisch doch arg bedeutungslosen Staatsamts aus den eigenen Reihen schwächt die SPD weiter, nimmt sie ihr doch die Argumente im Kuhhandel um einflussreichere Positionen im Fall einer erneuten Großen Koalition. Und Merkels Warnung an den grünen Wunschpartner dürfte dort angekommen sein.

Die Grünen hatten mit ihrem Linksruck auf dem Parteitag selbst bei der ausschließlich machtstrategisch orientierten Kanzlerin für Verstimmung gesorgt, die zusehen muss, nach dem Zuwanderungsfiasko das konservative Aufbegehren in der Union irgendwie unter Kontrolle zu halten. Der staunende Wähler sitzt unterdessen ratlos vor dem Bildschirm und fragt sich, was er eigentlich noch zur Demokratie beitragen darf. Zwar bittet ihn der Parteienstaat in schöner Regelmäßigkeit an die Wahlurne, doch ist ihm weder die Wahl des Staatsoberhauptes vergönnt, noch kann er mitbestimmen, wenn über zukunftsweisende Fragen von gesellschaftspolitischem Rang entschieden wird.

Deutschland braucht einen klaren Neustart. Die zunehmende Parteien- und Politikerverdrossenheit schwächt nicht nur die Demokratie. Sie wirkt sich inzwischen auch auf die Akzeptanz des Rechtsstaats aus, mit dem es die Kanzlerin in der sogenannten Flüchtlingskrise nicht immer allzu genau nahm und vor dem seither nicht mehr alle gleich zu sein scheinen. Dabei hatte der damalige Bundespräsident Richard von Weizsäcker bereits 1992 eindringlich vor der sich verselbständigenden politischen Kaste gewarnt. Sie sei „machtversessen und machtvergessen", befand er und stellte einer damals noch unterscheidbaren Parteienlandschaft das Zeugnis aus, sie hätte ihren Einfluss weit über das Maß hinaus ausgedehnt, das Artikel 21 des Grundgesetzes ihr einräume.

Die Worte verhallten ungehört. Mehr noch: Die politisch in der DDR ausgebildete Bundeskanzlerin hat die demokratischen Prozesse seit ihrem Amtsantritt immer weiter geschleift. Begleitet wird sie dabei von einer Schar unermüdlicher Hofberichterstatter, die ihr willfährig folgt, um auch bei künftigen Interviewanfragen berücksichtigt und aus erster Hand informiert zu werden. Merkel und ihre Mitstreiter haben sich immunisiert gegen die Launen der Wähler, die sich wiederum nicht trauen, etwas neues zu wagen, wie etwa Briten und Amerikaner. Dabei macht die Angst vor Veränderung viele Wähler zu unfreiwilligen Gehilfen beim Demokratieabbau. Noch wähnt sich der deutsche Michel in Sicherheit, doch das Jahr 2017 dürfte manchem die Augen öffnen...

Nichts verstanden
Der erbitterte Kampf der Politik gegen das Internet

Es vergeht kaum ein Tag, an dem man sich nicht für die politische Klasse schämen müsste. So mancher Bundespolitiker vermittelt den Eindruck, er fühle sich mit dem Erringen seines Mandats nicht mehr als Teil der Restgesellschaft. Doch im Berliner Wolkenkuckucksheim geht noch viel mehr verloren als nur der Kontakt zur übrigen Bevölkerung. Vor allem an Anstand fehlt es zunehmend. Immer unverfrorener artikulieren die Kanzlerin und ihre Mitstreiter, dass sie nur wenig für uns Nicht-Gewählte übrighaben. In schöner Regelmäßigkeit teilen sie uns mit, dass sie uns für das Grundproblem der Demokratie halten. Am liebsten würden sie ganz ohne uns regieren.

Ihre Verbalattacken haben ein bedenkliches Ausmaß angenommen. Dazu kommt der offenkundige Realitätsverlust, der nach Jahren der Isolation in der eigenen Echokammer vielleicht sogar zwangsläufig ist. Auch in der Kommunalpolitik gibt es Menschen, die ihren Lebensunterhalt mit politischer Arbeit verdienen. Doch Kommunalpolitiker wirken vor Ort, inmitten derer, die sie vertreten, und müssen sich täglich von Angesicht zu Angesicht verantworten. Nicht so die Berufspolitik der Landesparlamente und des Bundestags. Bestens abgeschirmt von gewaltigen Parteiapparaten verschanzt sie sich in ihren sicheren Elfenbeintürmen. Und die Konsequenzen ihrer Entscheidungen zeigen sich oft erst Jahre später.

Dann haben längst andere übernommen. Welch komfortable Position! Lange ließ sich auf diese Weise bestens am Bürger vorbei regieren. Doch inzwischen gibt es das Internet und mit ihm ein Höchstmaß an Kontrolle durch die Wähler. Von vielen Berufspolitikern fast unbemerkt, hat es sich spätestens zur Jahrtausendwende in Deutschland etabliert. Es ist allgegenwärtig und ein wesentlicher Bestandteil der freien Meinungsäußerung. Doch mancher Redner im Bundestag sprach bis vor kurzem immer noch von den „Neuen Medien" – und meinte damit wohl die Möglichkeit, eine Email zu versenden. Schlagartig sind das Internet und die sozialen Netzwerke nun in der Berufspolitik angekommen. Nicht mehr nur bei jenen Exoten, die sich Kinderpornografie beschafft haben, sondern sogar bei der Kanzlerin und deren Getreuen.

Entsprechend aufgeregt fallen die Reaktionen aus. Denn seit vor zehn Jahren Netzwerke wie Facebook ihren Siegeszug auch in Europa antraten, ist nichts mehr so, wie es während der längsten Zeit des politischen Wirkens von Merkel & Co. war. Heute müssen sich Politiker jederzeit vor der Netzgemeinde verantworten. Täglich aufs Neue und ohne Filter. Kein Büroleiter, der unliebsame Emails abfängt und diskret im Papierkorb entsorgt, kein freundlich arrangiertes Show-Publikum, das wohlwollende Fragen formuliert und tapfer applaudiert. Politiker sind mehr denn je gezwungen, an der gesellschaftlichen Realität teilzunehmen. Und nichts scheinen sie mehr zu hassen.

Nun will die Kanzlerin mehr Kontrolle über das „Netz". Zwar bietet das Strafrecht eine ausreichende Handhabe, doch erstreckt es sich nun mal nicht auf geschmackliche Fragen. Um Recht und Gesetz scheint es auch weniger zu gehen, eher schon um das eigene politische Überleben. Seit Monaten lässt Merkel ihren Justizminister über eine Privatorganisation, die der Steuerzahler finanzieren muss, unliebsame Statements in Facebook löschen. Doch das reicht ihr nicht. In ihrer Regierungserklärung ließ Merkel mit dem Satz aufhorchen, es gebe heute Medien, „die auf ganz anderen Grundlagen basieren, die weniger kontrolliert sind". Man müsse „mit diesen Phänomenen umgehen und, wo notwendig, sie auch regeln". Volker Kauder, ihr Fraktionsvorsitzender im Bundestag geht noch weiter: „Wenn das Netz weiter lügt, ist mit Freiheit Schluss!"

Der hilflose Beißreflex der Politikergeneration 60+ verdeutlicht die ganze Vorgestrigkeit der Handelnden. Wer glaubt, durch die Löschung von Facebook-Beiträgen die freie Meinungsäußerung in einer Demokratie einschränken zu können, ist so weit vom Internet entfernt wie der Mond von der Erde. Und wer sich der Tageskritik durch den Wähler nicht stellen will, zeigt, dass er seine Rolle als Volksvertreter nicht verstanden hat. Merkel & Co. mögen zu vielem fähig sein, doch das Internet werden sie nicht abschaffen können. Eher schafft das Internet sie ab. Höchste Zeit also, den Wähler ernst zu nehmen, der seine Rolle als Arbeitgeber des politischen Personals endlich angenommen hat.

Zensuritis
Die Political Correctness mutiert zum Computervirus

Boris Palmer ist einer der bekanntesten Kommunalpolitiker Deutschlands. Der seit zehn Jahren amtierende Tübinger Oberbürgermeister avancierte in der Debatte um den Stuttgarter Bahnhof zum Medienstar. Seither tritt der in den sozialen Netzwerken äußerst aktive Politiker immer wieder mit bemerkenswerten Beiträgen in Erscheinung, die ihm regelmäßig den Zorn seiner eigenen Partei eintragen. Denn Palmer ist ein Grüner, der beim Klimaschutz zwar voll auf der Parteilinie liegt, sich den grünen Dogmen aber nicht uneingeschränkt beugen will, weil er als Verantwortlicher einer mittelgroßen Stadt weiß, wie schwer es ist, die Wirklichkeit der Ideologie anzupassen. Vor allem in der Zuwanderungskrise artikuliert sich der 44-Jährige mit erfreulichem Realitätssinn. Er hält wenig von der grenzenlosen Aufnahmebereitschaft, die seine Parteifreunde wie ein Heiligtum verteidigen.

Nun hat es Palmer erwischt. Einer der Gegner, vielleicht gar aus den eigenen Reihen, hat ihn gemeldet – und den Denunziantenstadl eröffnet. Einen Tag lang war Palmers Facebook-Zugang gesperrt, weil er beim Netzwerk-Betreiber angeschwärzt worden war. Doch was könnte einer verbrochen haben, der derart in der Öffentlichkeit steht und um das Gewicht seiner Worte weiß? Welche infamen Beleidigungen hatte er wohl in seine Tatstatur gehämmert, die der Staatsanwaltschaft entgangen waren?

Nichts dergleichen. Palmers Vergehen war die Verwendung des Wortes „Mohrenkopf". Es reichte ein einfacher Verstoß gegen die Gesetze der Sprachpolizei, um Opfer der Willkür-Zensur zu werden. Völlig verunsichert durch die weltweiten Jäger der Political Correctness, hat Facebook inzwischen jedes Maß verloren. So groß ist der politische Druck auf das Unternehmen, dass man sich nicht mehr in der Lage sieht, den absurden Forderungen in angemessener Weise nachzukommen. Da wird lieber zu viel gelöscht und gesperrt als zu wenig. In seiner Not setzt Facebook zudem Algorithmen ein, die alle Nutzer-Einträge nach Schlagworten durchforsten.

Und diese Algorithmen kennen kein Pardon. Allerdings entgehen ihnen offenbar die übelsten linken Beleidigungen und erst recht die martialischen Hassparolen islamistischer Hetzer. Doch weder Facebook, noch seinen Suchprogrammen, sollte man dies zum Vorwurf machen. Die Verfolgung derartiger Wortmeldungen, die in aller Regel weitaus näher an der Strafbarkeit liegen, als mancher flotte Spruch vermeintlicher Rechter, liegt wohl nicht im Interesse der politischen Auftraggeber. Und so konzentrieren sich die digitalen Spürhunde auf Vokabeln, die der Political Correctness sauer aufstoßen. Das kann mal ein „Muselmann" sein, ein „Zigeunerschnitzel" oder eben ein „Mohrenkopf" – alles Begriffe, mit denen die „Generation 40+" wie selbstverständlich großgeworden ist, mit denen man sich aber seit der Machtübernahme der Gutmenschen zur Zielscheibe macht.

Die Sperrung seines Facebook-Accounts macht den Grünen zum Opfer links-grüner Ideologie. Stünde es nicht so ernst um die Meinungsfreiheit, könnte man sich darüber totlachen. Wieder online, zeigte sich Palmer dann allerdings wenig amüsiert. „Wenn Facebook unseren Sprachgebrauch durch Sperren reglementiert, ist das der Anfang einer Zensur durch eine nicht erreichbare private Behörde", echauffierte er sich und sprach dabei einen weiteren wunden Punkt an: Denn nicht nur die willkürliche Entfernung von Beiträgen und das Sperren von Kundenkonten sind ungeheuerlich. Auch einen Ansprechpartner zur Klärung sucht man vergebens. Das Bemühen um eine rasche Aufhebung der Sperre und der Wunsch nach einer Erklärung für das Vorgehen führen ohne erheblichen – oft juristischen – Aufwand nur selten zum Erfolg.

Der Vorgang verdeutlicht, wie weit wir bereits auf dem Weg zur Meinungsdiktatur gekommen sind. Lange habe ich zusammen mit vielen anderen vor den Anfängen gewarnt, als derlei Geschehnisse in der öffentlichen Wahrnehmung noch als lustige Anekdoten durchgingen. Nun sind wir angekommen im Zeitalter der Denunziation und der Willkür. Doch das Jahr 2016 markiert einen Wendepunkt. Immer weniger Menschen lassen sich die Stasi-Methoden gefallen. Die Umerzieher haben sich verzockt. Die selbsterklärten „Retter" der Demokratie haben ihr übles Spiel zu weit getrieben.

Das Wort des Jahres
Der postfaktische Reflex beleidigter Meinungsmacher

Sie haben es getan. Wochenlang durfte darüber spekuliert werden, ob sich die Gesellschaft für deutsche Sprache tatsächlich für ein Manöver hergibt, dessen Plumpheit zum Fremdschämen ist. Nun ist es amtlich: „Postfaktisch" ist das Wort des Jahres. Allerdings hatte sich die Spannung in Grenzen gehalten. Es war klar, dass sich die Riege der deutschen Journalisten zum Ende eines für sie katastrophalen Jahres die Chance nicht entgehen lassen würde, mithilfe einer scheinbar unabhängigen Organisation gegen das immer seltener geneigte Publikum nachzutreten. Denn natürlich dient das Wort des Jahres 2016 vor allem als Aufhänger für eine intensive mediale Debatte. Wie durch Zufall startete die Medienwelt parallel dazu ihre „Fake News"-Kampagne.

Der von Journalisten erfundene Kampfbegriff verfolgt offensichtlich das Ziel, all jene zu diffamieren, die sich außerhalb des klassischen Redaktionsumfeldes bewegen – kritische Leser ebenso, wie unabhängige Publizisten. Dabei soll das Wort des Jahres eigentlich „das zu Ende gehende Jahr besonders charakterisieren". Dies mag für „Brexit" gelten und für „Silvesternacht". Dennoch kamen die beiden Begriffe hinter dem Sieger ins Ziel. Sie eignen sich eben viel schlechter für die Generalabrechnung mit dem Bürger, der die Berichterstatter der Berufspolitik einfach nicht mehr als Vorgesetzte akzeptieren will.

Man sollte wissen, dass die hauptsächlich staatlich finanzierte Gesellschaft für deutsche Sprache alles andere als objektiv ist. Sie arbeitet insbesondere Bundestag und Bundesrat zu. So hat die Kür des prägenden Wortes eines Jahres immer auch etwas Politisches. Waren Politik und Medien schon in der jüngsten Vergangenheit wenig zimperlich mit der Beschimpfung weiter Teile der Bevölkerung, so senden sie nun eine eindeutige Botschaft aus: Wir Bürger, so wollen uns die Schöpfer der Schmähung „postfaktisch" glauben machen, interessieren uns nicht mehr für Fakten, sondern folgen nur noch unseren Gefühlen. Dadurch nehmen wir eine verzerrte Realität wahr, die im krassen Widerspruch zur Wahrheit steht. Wilde Emotionen vernebeln unsere Sinne, Schaum vor dem Mund lässt uns dummes Zeug plappern. Höchste Zeit also, dass wir zur Besinnung kommen. Wer will schon zum „postfaktischen" Mob gehören?

Es hat allerdings durchaus etwas unfreiwillig Komisches, wenn sich nun ausgerechnet jene Journalisten über zu emotionale Nachrichtenkonsumenten beschweren, die die Ereignisse des Tages allabendlich mit jeder Menge eigener Bewertung, zuweilen gar alarmistisch darbieten. Oder eine Politik, die die wichtigsten Entscheidungen der vergangenen Jahre, von der Aushebelung aller Euro-Regeln über den irrationalen Atomausstieg bis hin zur illegalen Grenzöffnung in der Zuwanderungskrise, vor allem nach emotionalen Kriterien getroffen und sich dabei jeglicher Wahrheit verschlossen hat.

Das Wort des Jahres könnte daher nicht besser auf jene passen, die nun mit dem Finger auf uns zeigen. Doch stattdessen drückt es die Geringschätzung der „wissenden Elite" für die „unwissenden Fühlenden" aus, die angeblich nur einfachste Hauptsätze verstehen und sich in eine Parallelwelt flüchten, weil ihnen der Durchblick fehlt. Deutschlands Journalisten haben einen Krieg gegen ihre Kunden angefangen. Es ist ein Krieg, den sie nicht gewinnen können. Niemand kann sagen, was sie geritten hat, sich ausgerechnet gegen jene zu wenden, von deren Respekt und Vertrauen sie im wahrsten Sinne des Wortes leben.

Statt den Verstand ihrer Zuschauer und Leser infrage zu stellen und dem eigenen Personenkult zu frönen, sollten sich die Mikrofonhalter und Teleprompterableser darauf besinnen, was ihre eigentliche Aufgabe ist, und ihre mit übergroßem Ego zelebrierten „News" wieder als profane Nachrichten übermitteln, bei denen Erziehungsmaßnahmen nichts zu suchen haben. „Postfaktisch" ist in diesen Tagen allein die aufdringliche „Personality-Show" eitler Medienschaffender, die es nicht ertragen, dass die Wirklichkeit sich immer weniger mit ihrem eigenen Weltbild deckt. Sie haben das Internet und dessen Millionen Nutzer als Feind entdeckt – und merken nicht, dass sie im Begriff sind, ihren Berufsstand abzuschaffen. Denn was wir am wenigsten brauchen, sind „postfaktische" Meinungsmacher in den Redaktionsräumen, die uns ihre eigenen Gefühlswallungen als Nachrichten verkaufen.

Geheimtipp Kindergeld
Warum Eltern gerne nach Deutschland einwandern

Sigmar Gabriel ist traurig. Er würde so gerne Kanzlerkandidat werden, doch in seiner eigenen Partei fehlt ihm dafür ebenso der Rückhalt wie in der Bevölkerung. Ginge er gegen Angela Merkel ins Rennen, hätte er keine Chance. Auch deshalb nicht, weil seine SPD kaum noch ein Viertel der Wähler für sich gewinnen kann. Erst im Januar wollen die Genossen die Karten auf den Tisch legen – genug Zeit also, um bis dahin die eigenen Umfragewerte noch ein wenig aufzupolieren und damit Druck zu machen. Ob dem SPD-Chef dies mit seinem jüngsten Statement gelungen ist, bleibt abzuwarten. Immerhin dürfte seine Forderung nach einer Kindergeldkürzung für EU-Ausländer bei vielen Menschen auf Verständnis stoßen.

Klar ist aber auch: Wenn der Vorsitzende der SPD Maßnahmen zur Eindämmung des Sozialmissbrauchs fordert, ist dies etwa so glaubwürdig wie eine von den Grünen vorgeschlagene Strompreisbremse. Gabriel hat allerdings recht: Es ist in der Tat nur schwer nachvollziehbar, warum Deutschlands Steuerzahler Kinder von Ausländern unterstützen sollen, die nicht einmal hier leben. Nach Auskunft der Bundesagentur für Arbeit wurde schon Ende 2015 aus Deutschland für rund 120.000 im Ausland lebende Kinder ohne deutsche Staatsangehörigkeit Kindergeld gezahlt. Die geschätzten jährlichen Kosten liegen bei 200 Millionen Euro. Tendenz steigend.

Gabriel begründete seinen Vorstoß damit, dass die Freizügigkeit für die Bürger Europas nicht dazu missbraucht werden dürfe, in die Sozialsysteme einzuwandern. Es gebe in manchen Großstädten ganze Straßenzüge, in denen Migranten nur deshalb wohnten, „weil sie für ihre Kinder, die gar nicht in Deutschland leben, Kindergeld auf deutschem Niveau beziehen", setzte er nach. Man stelle sich vor, nicht Sigmar Gabriel hätte dies gesagt, sondern Frauke Petry. Eine tagelange Treibjagd der deutschen Medien wäre die Folge. Der vermeintliche Eklat wäre Thema in sämtlichen Polit-Talks. Die versammelte Politik, von der Union bis zur Linkspartei, gefiele sich darin, die Bürger vor einer AfD zu warnen, die einmal mehr ihre „hässliche Fratze" gezeigt habe. Bundespräsident und Kanzlerin würden die „rechtpopulistische Hetze" zu Weihnachten und Silvester genüsslich sezieren.

Und selbst, wenn wir es eine Nummer kleiner machen, wenn also nur Horst Seehofer sich zu einer derartigen Wortmeldung verstiegen hätte, würde er sogleich vom öffentlich-rechtlichen Rundfunk zum Rapport bestellt, um vor den Augen der Zuschauer verbal ausgepeitscht zu werden. Nicht so im Falle des SPD-Chefs. Zwar kamen von den beiden linkspopulistischen Parteien im Bundestag die erwartbaren Reaktionen, doch herrschte ansonsten weitgehend mediale Ruhe. Es macht hierzulande eben einen Unterschied, wer etwas sagt, was einer der Gründe für den Vertrauensverlust von Politik und Medien sein dürfte.

Doch was das Kindergeld angeht, ist die Diskussion nicht einmal ansatzweise geführt. Denn nicht nur für im Ausland lebende Kinder, die niemals hier waren, wird gezahlt, sondern auch dann, wenn selbst die Eltern ihren Wohnsitz im Ausland haben, solange diese, etwa als Saisonarbeiter, ihrem Broterwerb in Deutschland nachgehen. Und keinesfalls erstreckt sich der Kindergeldanspruch nur auf EU-Bürger: Neben Norwegen, der Schweiz, Island und Liechtenstein gilt auch für Algerien, Bosnien-Herzegowina, Kosovo, Marokko, Serbien, Montenegro, Tunesien und die Türkei der Kindergeldanspruch für hier lebende oder hier arbeitende Eltern, wie auch für jene, die gar nicht arbeiten und Transferleistungen beziehen.

Last, but not least, begründet auch die Anerkennung als Asylbewerber oder Flüchtling einen Anspruch auf Kindergeld, unabhängig davon, wo die Kinder leben. Sigmar Gabriel hat eine wichtige Debatte angestoßen. Vielleicht wird sie auch deshalb von der „Medienelite" nicht geführt, weil eine breite öffentliche Diskussion so manche unangenehme Wahrheit zutage fördern würde, die sich vom links-grünen Meinungskartell nicht mehr verteidigen ließe. Eine dieser Wahrheiten lautet, dass das Kindergeld nicht für Kulturkreise gedacht ist, in denen die Altersvorsorge darin besteht, so viele Nachkommen zu produzieren, wie biologisch möglich. Das wäre dann aber wohl eher wieder ein Thema für die AfD...

Gespielte Reue
Gute Vorsätze als Fortsetzung des Selbstbetrugs

Der Jahreswechsel markiert den Zeitpunkt für gute Vorsätze. Gepackt vom oftmals reuevollen Rückblick auf das abgelaufene Jahr, verspricht so mancher, es in Zukunft ein bisschen besser zu machen – um ein Jahr später feststellen zu müssen, dass es wieder nichts geworden ist mit der Besserung. Denn gute Vorsätze dienen natürlich in erster Linie dazu, wenigstens einmal im Jahr ehrlich zu sich selbst zu sein. Da bilden auch die Journalisten keine Ausnahme. Und so konnte man in den letzten Tagen des Jahres 2016 Artikel lesen, in denen einige Berufsschreiber plötzlich ganz neue Töne anschlagen.

Fast wie ein Entschuldigungsschreiben an die verbliebene Leserschaft las sich so mancher Text. Ob tatsächlich aus Reue, oder nur aus Kalkül angesichts der zunehmenden Bedeutungslosigkeit der Redaktionen und ihrer Postillen, sei dahingestellt. So machte sich die WELT zum Anwalt der Bürger, die das Gefühl hätten, der Staat messe nicht mehr mit gleichem Maß: „Kleinigkeiten werden geahndet, aber bei Euro-Krise oder Einwanderung werden gefährliche Grauzonen geduldet". Entstanden seien „Tabuzonen und Dunkelräume des Rechtsstaates und unserer gesellschaftlichen Praxis, die von den Regierenden stillschweigend geduldet oder gar befördert werden". Doch für eine Selbstkritik, die man anderswo mit etwas Phantasie erahnen konnte, reichte es bei der WELT nicht.

Immerhin aber ein Statement, das man in dieser Klarheit selten irgendwo hatte lesen oder hören können bei den medialen Groupies einer Politik, die nichts mehr unter Kontrolle zu haben scheint. Schon gar nicht ihr Volk, das sie mit den Methoden der Regime des 20. Jahrhunderts zur Räson zu bringen hofft. Nun trauen sich einige wenige Journalisten niederzuschreiben, was viele aufmerksame Beobachter ein Jahr lang versucht hatten, auf die politische Agenda zu setzen. Hatten nicht auch die Vertreter des „Packs" aus „Dunkeldeutschland" genau diese offenkundige Schieflage stets kritisiert und dafür übelste Beschimpfungen kassiert? Die respektlosen Tiraden gegen die Bürger gipfelten gar im Wort des Jahres – welch Armutszeugnis für die herrschenden Meinungsmacher.

Die verzweifelt gegen den eigenen Niedergang kämpfenden Leitmedien suchen auf einmal den Schulterschluss mit dem Volk. Nutzen wird es ihnen nichts mehr. Der Cicero und die Neue Zürcher Zeitung gehören zu den wenigen Blättern, denen man dies abnimmt. Sie haben den Finger stets in die Wunde gelegt, die ihre Kollegen geflissentlich übersehen hatten. Sie scheuten sich auch nicht, die Verantwortlichen zu benennen und Lösungen aufzuzeigen, die von der „Einheitselite" jedoch nur allzu gerne als „Parolen plumper Populisten" beiseite gewischt werden. Nicht ohne Grund wurden Cicero und NZZ von findigen Lesern als „Westfernsehen" geadelt, um deutlich zu machen, dass man sich nur noch hier umfassend und wahrheitsgetreu informieren kann.

Wer es ausgewogen mag, wird die beiden genannten Zeitungen auch künftig den regierungstreuen Organen von WELT, Spiegel & Co. vorziehen. Und auch der FAZ, die es nicht lassen konnte, am Silvestertag gegen den aufmüpfigen Souverän nachzutreten: „Die größeren Defizite liegen auf Seiten der Bürger – nicht der Politiker", verteilte sie die Schuld für das zum „Hassjahr" ausgerufene 2016. Ins gleiche Horn stieß die Kanzlerin in ihrer Neujahrsansprache. Mit dem Frontalangriff auf ihre Kritiker, die lediglich „Zerrbilder" verbreiteten, stellte sie einmal mehr unter Beweis, dass sie nichts verstanden hat. Man mag ihr angesichts der dokumentierten Blauäugigkeit in der sich zuspitzenden Terrorkrise nicht abnehmen, dass ihre Regierung die nötigen Maßnahmen für mehr Sicherheit „schnellstens in die Wege leiten und umsetzen" wird, wie sie uns verspricht.

Wann immer Merkels Irrweg endet – aus dem Jahr 2016 nehmen wir eine ganz besonders bittere Erkenntnis mit: Wir werden von einer Frau regiert, die sich Kompetenzen anmaßt, die ihrem Amt nicht zustehen. Dennoch – oder gerade deswegen – scheint sie nicht mehr in der Lage, ihren Amtseid zu erfüllen. Die guten Vorsätze der Kanzlerin taugen daher zu nicht mehr, als zu einer Fortsetzung des Selbstbetrugs.

Und dann war da auch noch das...

Schon kurz vor Heiligabend 2015 hatte die Berufspolitik die Weichen für einen weiteren Geldsegen gestellt, der sich ab 2017 über sie ergießt. Und so startet das Jahr mit einer freudigen Botschaft für die Parteien. Der Steuerzahler dürfte indes alles andere als begeistert sein. Die Vorweihnachtszeit eignet sich für Politiker besonders gut, um Vorhaben durchzusetzen, die zu anderen Zeiten des Jahres große Empörung hervorrufen würden. Denn in den Tagen vor Weihnachten sind die Menschen hektisch damit beschäftigt, nach Geschenken zu suchen oder letzte Vorbereitungen für das Fest zu treffen. Viel Zeit zur ausgiebigen Nachrichtenlektüre bleibt da nicht.

Es hätte aber auch wenig genutzt, weil kaum ein Journalist den Coup klar kommunizierte. So blieb der Aufschrei darüber aus, dass die Große Koalition in Windeseile eine Erhöhung der Steuerzahlerzuschüsse an die Parteien um fast 20% durchgeboxt hat. Nur das Handelsblatt sprach damals Klartext, doch dürfte es kaum zur Standardlektüre des deutschen Michels gehören. Von den öffentlich-rechtlichen Sendern war ohnehin nicht mehr zu erwarten als die Erfüllung der Chronistenpflicht. Den Klebers und Miosgas der Welt, die uns so gerne an die Hand nehmen, weil sie uns für zu unbedarft halten, fiel wenig dazu ein, dass es kleinen und neuen Parteien noch schwerer gemacht wird, „an der politischen Willensbildung des Volkes mitzuwirken", wie es unser Grundgesetz vorsieht.

Dies muss niemanden wundern, werden die Fernsehräte doch von den Funktionären und Mitgliedern des bestehenden Parteienapparates dominiert. Die neuen gesetzlichen Regelungen sehen vor, dass jede Partei ab 2017 für die ersten vier Millionen Wählerstimmen bei einer Europa-, Bundestags-, oder Landtagswahl je einen Euro statt bisher 85 Cent aus dem Steuertopf erhält, für jede weitere Stimme immerhin noch 83 statt der bisherigen 70 Cent. Zudem ist geregelt, dass der Steuerzahler jeden an eine Partei gespendeten Euro mit einer Zugabe von satten 45 Cent vergoldet – ein Umstand, der den meisten Wählern gar nicht bekannt ist. Die Regelung erstreckt sich auch auf die erhaltenen Mitgliedsbeiträge. Die Parteien sorgen damit trotz rückläufiger Wahlbeteiligungen für einen märchenhaften Anstieg der staatlichen Zuflüsse.

Diese betrugen schon 2015 fast 160 Mio. Euro, von denen mehr als 70% auf die Große Koalition entfielen. Mit der Neuregelung schotten sich CDU/CSU und SPD nun noch stärker gegen die Konkurrenz ab, weil sie naturgemäß von der Steigerung am stärksten profitieren. Statt diese einfachen Zusammenhänge aufzuzeigen, hatte die linksgrüne Meute der Journalisten allerdings nichts Besseres zu tun, als sich diebisch darüber zu freuen, dass der AfD durch weitere Gesetzesänderungen die Finanzierung ihrer Parteiarbeit künftig erschwert wird. Es hätte einem seriösen Journalismus gut zu Gesicht gestanden, sich mit ganz anderen Fragestellungen zu befassen und dem Bürger vor Augen zu führen, dass viel mehr im Argen liegt.

Etwa, dass die Offenlegung von Sponsoring-Aktivitäten in den Rechenschaftsberichten der Parteien auch künftig fehlen darf und es weiterhin keine Höchstgrenze für Parteispenden pro Spender und Jahr geben wird. Doch das war wohl zu viel verlangt. Neben dem vehementen Einfordern von mehr Transparenz wäre es längst überfällig, eine gesellschaftliche Debatte darüber anzustoßen, warum wir dem Parteienstaat einmal mehr gestatten sollen, an der Bevölkerung vorbei noch tiefer in die Steuerkasse zu greifen. Denn längst gibt es darüber hinaus auch eine automatische Steigerung der Bezüge für Bundestagsabgeordnete, mit der man sich unangenehme Diskussionen rund um weitere Diätenerhöhungen vom Hals hält.

Die Berufspolitik macht sich unseren Staat zunehmend zur Beute, während sich das Parteienkartell unsere Demokratie einverleibt. Es wird Zeit, dass wir sie ihm wieder entreißen. Beenden wir das Grauen einer Parallelgesellschaft, die erst dann wieder bereit ist sich zu integrieren, wenn wir ihr das Geld streichen!

Ramin Peymani (Jahrgang 1968)

Der iranischstämmige Autor lebt im Rhein-Main-Gebiet. Neben seinem ehrenamtlichen politischen Engagement hält der Ex-Banker Fachvorträge zur Staatsschuldenkrise und lehrt als Gastdozent. Publizistisch betätigt er sich für eine Reihe von Debattenmagazinen.

Der sportbegeisterte Hobbyfußballer zählt Politik, Reisen und gutes Essen und zu seinen Leidenschaften.

Ramin Peymani

Spukschloss Deutschland
Der Zeitgeist als Gespenst einer Generation

EU-Krise, Schuldenmisere, Zuwanderungschaos – drei große Brandherde unserer Zeit, die sinnbildlich für das Versagen der Politik stehen. Immer offensichtlicher wird auch für die Verantwortlichen selbst, dass sie die Lage nicht mehr im Griff haben. Schuld daran ist weniger die Komplexität der Aufgabe, als vielmehr der fehlende Mut, sich einem Zeitgeist zu widersetzen, der zunehmend von linken und grünen Ideologen bestimmt wird. Dabei gerät die vermeintliche Suche nach Lösungen oft genug zum peinlichen Machtgerangel eitler Selbstdarsteller.

Penetrante Umerzieher, die alle Lebensbereiche reglementieren, drohen eine Gesellschaft zu spalten, die sich zunehmend von einem Zeitgeist heimgesucht fühlt, der bevormundet, entmündigt und maßregelt. Wer sich diesem Spuk entgegenstellt, wird schnell zur Zielscheibe der politisch Korrekten.

Spukschloss Deutschland ist als Taschenbuch für € 11,90 auf www.amazon.de erhältlich.

Wenn Sie mehr von mir lesen möchten, folgen Sie mir gerne auf Facebook und Twitter.

Meine wöchentliche Kolumne finden Sie unter: www.liberale-warte.de